鱼塘式营销

小成本撬动大流量

曹大嘴　傅一声◎著

电子工业出版社
Publishing House of Electronics Industry
北京·BEIJING

内 容 简 介

具有传奇色彩的营销大师杰·亚伯拉罕（Jay Abraham）曾经说过："把不同的客户描述成鱼，而不同的客户的集合就是不同的鱼塘。我们应该根据自己的目标客户去思考怎样从别人已经建立起来的鱼塘中快速找到目标客户。"

基于这样的思维，本书作者曹大嘴和傅一声根据十多年的营销培训与企业落地营销辅导经验，立足于当前移动互联网营销的环境，总结并完善了鱼塘式营销，帮助企业解决从引流到成交过程中所有环节的营销难题，用小成本为企业带来巨大的流量。书中不仅提供了科学的营销思维模式，更有丰富的实战案例。

图书在版编目（CIP）数据

鱼塘式营销：小成本撬动大流量/曹大嘴，傅一声著. —北京：电子工业出版社，2019.11
ISBN 978-7-121-37608-5

Ⅰ. ①鱼…　Ⅱ. ①曹…　②傅…　Ⅲ. ①网络营销　Ⅳ. ①F713.365.2
中国版本图书馆CIP数据核字（2019）第219546号

责任编辑：郭景瑶
印　　　刷：北京天宇星印刷厂
装　　　订：北京天宇星印刷厂
出版发行：电子工业出版社
　　　　　北京市海淀区万寿路173信箱　　邮编：100036
开　　　本：880×1230　1/32　印张：7.375　字数：260千字
版　　　次：2019年11月第1版
印　　　次：2025年1月第8次印刷
定　　　价：58.00元

流量竞争

秋叶

畅销书作家，秋叶PPT创始人

我现在也是一名服务行业的创业者，我深刻感受到这几年运营模式在快速迭代和变化。

我相信很多人也会有类似的感受，这个时代变化得太快了——行业变化快，产品变化快，连人的变化也都加快了。很多企业家惊呼："已经看不懂现在的商业环境了。"

很多人想沿用别人过去成功的路径，却不知道这正是自己企业走向失败的道路。这是一个不确定性越来越强的时代，只有特别能适应变化的物种才能生存。

有的人意识到变局已来，于是率先跑在前面想改变，但发现跑得快不一定比原地不动强；有的人想跑，却不知道该往哪儿跑。市场竞争越来越残酷，企业的现金流收入压力越来越大，增长压力也越来越大。创业者都感觉未来要变，而如何去应对，似乎能看到一点门路，却又不得其门而入，所以焦虑。

普通人也焦虑。钱不够花，却想追求"财富自由"，但能力跟不上野心，人脉跟不上圈子，格局跟不上情怀，以至于为"车厘子自由"和"苹果自由"而着急。普普通通的食物，搭载上对生活的焦虑，立马就能引起广泛共鸣。焦虑并不能解决问题，但焦虑容易让人变得消费不理性。

企业都感觉缺流量。如今流量少，流量贵，获客成本持续上涨，各种营销手段越来越难奏效！还时不时有八竿子打不着的企业过来跨界抢食，摆出一副颠覆行业之架势。

流量宝贵，于是"私域流量"成为今年的热词之一，其实这也不是什么新概念。在市场上升期，增量市场很重要，大家得"跑马圈地"抢占地盘后再变现。在市场冷淡期，存量市场很重要，大家更要精耕细作，挖掘产出潜力。

所谓精耕细作，就是要尽量占据一批铁杆用户的时间。服务好用户，他们就愿意把更多收入交给你。这些大家愿意提供持续服务的用户，我们原来叫"优质用户"。用户遵循"二八原则"，即20%的用户带来80%的收入。现在谈"二八原则"可能并不新鲜，于是有了新名词"超级用户"或"私域流量"。

要让老用户满意，就要给老用户提供深度服务，建立深度连接和陪伴连接。

今天的消费者，希望你的产品与服务有极致的体验感，并且希望你提供有温度的连接，即好的社群。

这几年，社群营销火了，社群经济被很多人视为流量变现的救命稻草。人人都希望把潜在用户圈进自己的社群产生转化；人人都希望把已有用户放进社群，增加用户黏性，促进重复消费与转介绍。

运营社群其实也是一个技术活，不是把用户放在一个群里就是社群，不是给用户提供你认为他们需要的信息就是运营。很多企业以为建个微信群就是在做社群营销了，其实只是建了个群，而不是社群。事实上，门槛越低的模式，想要运营好就越难。**90%**的群不出三个月就变成了广告群、灌水群，或者没有人说话的"死群"。我们需要先做好产品，打磨好内容，然后找到自己产品的精准用户，做好一个社群或复制多个社群。接着要把社群里的成员服务好，维护好，然后变现。如果自己的产品不适合做社群营销，也没有必要强求，不如进入别人的社群，在别人的社群中交好人缘，适时推销自己的产品，这样也挺好。

《鱼塘式营销》这本书，简单来说就是教大家如何通过线上和线下的渠道进行引流，从他人的资源中挖掘潜在的精准用户。作者把这个思路比作去鱼塘里钓鱼，的确是很多企业可以借鉴的思路。作者说这本书不讲华为，不讲小米，不讲海底捞，只讲自己经历的精彩案例，我相信这本书一定能够帮助到更多需要鱼塘式营销模式的企业和个人。

秋叶

2019年9月

目录

前言 / 001

01

HOW
TO
DEFINE

鱼儿
细分定位，锁定精准客户

"你们的客户是谁？"

"只要对我们的产品有需求的，就是我们的客户！"

如果这么定义客户的话，你就等于没客户！

02

鱼塘

找对客户群，让营销有的放矢

HOW
TO
FIND

鱼在哪里？水里。

找对鱼塘，才能钓到大鱼。

鱼塘不同，营销策略也不同。

03

塘主

从塘主合作到自建鱼塘

HOW
TO
APPROACH

流量如此稀缺，必须充分利用。

搞定塘主，才能搞定鱼儿。

自建鱼塘，掌握流量的主动权。

04

HOW
TO
ATTRACT

鱼饵
巧设卖点，让客户蜂拥而至

鱼塘式营销重在引流。

引流能否成功，关键看鱼饵。

鱼饵的设计需围绕痛点，而不能光凭直觉。

05

HOW
TO
SUCCEED

钓鱼
黄金五步法，大幅提高成交率

先做破冰，再讲价值。

没有最好的技巧，只有最好的时机。

不想放虎归山，就要学会逼单。

06

HOW
TO
UPGRADE

养鱼
极致体验，带来持续变现

成交才是销售的开始。

养鱼的过程，就是建立信任的过程。

有了信任，成交便水到渠成。

有一部徐峥主演的小成本电影风靡全国，7000万元的投资创造了近31亿元的惊人票房！这部电影叫《我不是药神》，听说看哭了很多人。

这部电影打动人的点有很多，营销方式使我深有感触。

在影片中，徐峥饰演的药贩子程勇最开始推销仿制药屡屡受挫，虽然该仿制药与正版药有同样的疗效，且价格只需正版药的七分之一，但是无论销售人员多么热心，多么厚脸皮，还是被客户一次次拒绝，一次次被骂成骗子。

为什么？原因很简单，**销售人员与客户之间缺乏基本的信任。**

信任包括品牌信任和个人信任。仿制药没有品牌，也没有市场营销，自然没有品牌信任。程勇和他的团队与慢粒白血病患者之间是陌生的，再加上卖假药的骗子确实很多，所以个人信任也是缺失的。

直到程勇遇到了刘思慧。

刘思慧是谁？她有三重身份：第一重身份是钢管舞演员，第二重身份是慢粒白血病患者的妈妈，第三重身份是QQ病友群的群主。

正是她的QQ病友群的群主这个身份，为程勇的卖药生意带来转机……

在移动互联网时代，我们把刘思慧的第三重身份称为"塘主"，而她所在的的QQ群就是"鱼塘"。

程勇因为结交了刘思慧这位"塘主"，搭建起了与客户之间的信任桥梁，从而把"鱼塘"中的"鱼儿"轻松地转化为自己的客户。

如果程勇没有跟刘思慧合作，而是继续采用传统的推销模式，估计早就干不下去了。

如今的商业环境，瞬息万变，各个行业竞争激烈，营销也需要与时俱进，不断开拓创新。

笔者不禁想起了曾经培训过的一家企业客户，是专注于通过门店销售女性保健产品的连锁企业。当年笔者给他们做培训时生意还很红火，在全国开了近200家门店，一跃成为江苏地区家喻户晓的女性产品品牌。

几年后，有一次与该企业的董事长一起吃饭，她谈到企业发展遇到的瓶颈，笔者建议她要做营销转型，从被动营销转为主动营销，从传统媒体转到网络媒体。

她没有听取这个建议，因为她当年就是通过电台等传统渠道的宣传将企业做大的，所以她不愿意改变营销方向。结果没过几年，这家企业大部分的门店都支撑不下去而陆续关停，即使想再转型，也大势已去，很难挽回了。

马云在《未来已来》一书中直言："互联网文明不是从外星来的，它是从人类自己的文明中诞生的，是人类科技发展的必然成果。只要去把握它、学习它，就不会被淘汰。反之，谁去抵触未来，谁不把握未来，谁不改变自己的今天，谁就一定会被历史淘汰！"

时代在飞速发展，以前不可能的很多事情，现在都已经确确实实地发生在我们身边了，抱怨没用，哀叹没用，假装看不见也没用，我们必须拥抱变化，积极改变。

如果你仍然用过去的方法做事，过去成功的经验也许正将你推向失败的道路。如果你依然用过去的思维方式做生意、做销售、做运营，那对不起，未来已来，你可能会被时代淘汰。

笔者的团队在十多年的时间里做过三十多家企业的营销策划辅导项目，有的历时三个月，有的持续好几年，刚好经历了整个互联网从PC端到移动端的飞跃过程，也遇到了形形色色的创业者和企业家。这些企业经营者们经常会抱怨营销不好做，大家普遍提出以下四个难点：

第一，缺乏客源。

市场竞争激烈，企业大多都受"流量"所困，新客户开发难。各种方法都用了，钱也花了不少，拓客效果还是不好。

第二，难以落地。

企业管理者很爱学习，想法很多，但很难执行下去。

第三，成交率低。

好不容易开发的新客户，成交率却很低，而老客户又留不住，企业压力非常大。

第四，线上无力。

都知道新媒体营销很重要，有些企业也成立了新媒体运营部，但除了开个公众号，写写文章，也不知道该做什么。看到别人都能赶上风口，自己却只能眼巴巴地干着急。

笔者曾当过员工，做过管理，给自己当过老板，后来给企业做咨询和辅导，接触过上千位企业管理者，懂得他们的焦虑，也懂得企业的痛点和迷茫。

你现在遇到的问题我们都曾遇到过。我们知道怎样通过成本不太高、操作不太难的方法，改变企业当前遇到的困局，怎样将营销落地，真正地提升业绩！

笔者服务的客户中，很多都是中小企业，但是这样更有利于我们的发挥。俗话说"船大难掉头"，其实中小企业一旦走对了路，用对了方法，改变起来更快！

　　本书中的每一个方法都是笔者在企业辅导过程中发现企业迫切需要的，并被实践验证过的。希望你在接下来的章节中能够收获满满。

01

HOW TO DEFINE

鱼儿
细分定位，锁定精准客户

"你们的客户是谁？"

"只要对我们的产品有需求的，就是我们的客户！"

如果这么定义客户的话，你就等于没客户！

躺着赚钱的时代早已不复存在，如今，几乎所有企业都感觉"缺客户"，而且"获客成本"越来越高。在激烈的竞争下，大家都在争夺有限的流量与资源。在这场看不见硝烟的商业战争中，我们不得不承认——流量为王！

在资金有限、人手紧张的情况下，企业该如何打赢这场流量争夺战呢?

运用鱼塘式营销——用小成本撬动大流量，就是一个很好的选择。

鱼塘式营销的含义是：把客户比作鱼儿，把客户的聚集地比作鱼塘，通过对鱼儿和鱼塘的营销，低成本地获取精准客户并完成交易。

上述鱼塘式营销的含义不难理解，但是要应用于实践并成功地完成交易，还需要在每个流程上把握正确的方向才能见效。

开展鱼塘式营销的第一件事是了解你的客户。具体来说，就是通过做客户画像，定位出精准的客户。

这些年来，我们跟众多企业家打交道，很多人拍着胸脯对我们说："我了解我的客户！"

我们问："你的客户都是哪些人？"

有的人会说："从刚会走路的孩子，到百岁老人，都是我们的客户。"

一句话就暴露了他从来没有正确地分析过自己的客户！

我们用钓鱼来打个比方：想要钓到鱼，得先了解眼前这个池塘里都有哪些鱼，是草鱼、鲫鱼、鲤鱼……或者不是鱼，是小龙虾？鱼的品种不一样，决定了鱼竿、鱼钩、饵料，甚至钓法、适宜时间等都不一样。只有了解你的鱼儿，才能顺利钓到鱼。如果你到了池塘边，二话不说就开始甩竿，**"用战术上的勤奋，掩盖战略上的懒惰"，注定事倍功半。**

跟钓鱼同样的道理，在鱼塘式营销中，只有定位出精准的客户群，后面的一系列营销手段才能"有的放矢"，否则很难奏效。

客户不一定等于用户

你对客户的了解越多，痛点把握得就越精准，卖点描述也就越清晰。

当你的卖点等于客户的痛点，营销自然水到渠成。 如何让卖点尽可能接近痛点呢？这就需要我们做客户画像，它是帮助我们分析客户、找准痛点的重要方法。

所谓"客户画像"，就是根据客户的社会属性、生活习惯和消费行为等信息和数据，综合得出的一个标签化的客户模型。

在做客户画像时，大多数人忽略了一个问题："我的客户是我的用户吗？"

举个例子，面对中小学学生的教育培训机构的用户是谁？是学生。但是客户是谁？不是学生，而是家长。

所以，**客户不一定等于用户！用户是指产品的实际使用者或体验者，而客户是买单的人。**不要小瞧这个知识点，很多人由于没有很好区分，才在营销策略上犯了方向性的错误。

下面我们来看一个练习：

练习

（1）老年人产品：谁是用户？谁是客户？

（2）儿童产品：谁是用户？谁是客户？

（3）节日礼盒：谁是用户？谁是客户？

（4）情人节的玫瑰花：谁是用户？谁是客户？

（5）女性化妆品套装：谁是用户？谁是客户？

（6）男性化妆品套装：谁是用户？谁是客户？

（7）美容院的美容套餐：谁是用户？谁是客户？

（8）一碗牛肉面：谁是用户？谁是客户？

答案

（1）老年人产品：老人是用户，这是确定的。有的时候客户是老人自己，但更多时候是子女，因为子女会掏钱买了送给老人。

（2）儿童产品：用户是儿童，客户是成人，通常由家长买单或者亲朋好友买单。

（3）节日礼盒：用户是收礼人，客户是送礼人。

（4）情人节的玫瑰花：更多时候，用户是女性，客户是男性。

（5）女性化妆品套装：用户是女性，客户可能是女性自己，也可能由男性购买了送给女性。

（6）男性化妆品套装：用户是男性，客户常常是女性。

（7）美容院的美容套餐：用户和客户通常是一致的。

（8）一碗牛肉面：用户和客户通常也是一致的，即食客本人。

通过上述练习，我们会发现：**客户和用户可能是一致的，也可能是分离的。**

针对客户和用户一致的情况，我们分析客户，也就是分析用户。若客户和用户不一致，既要分析客户，又要分析用户。客户买单的关注点通常是"钱花得值"，而用户往往更关注"用得开心"。在这种情况下，两者的关注点不太一样，并且甚至有时两者的关注点是矛盾的。因此，我们既要服务好用户，又要让买单的客户满意。

比如说，某个企业聘请培训讲师来讲课。在这个过程中，客户是企业的老板，而用户是参加培训的员工，即学员。

有的讲师只关注用户的感受，课堂幽默有趣，学员很喜欢，但是老板不满意，下次就不会再请这位讲师了。反过来，有的讲师只关注老板的感受，虽然上课很卖力，干货满满，却忽略了学员的体验，使课堂太过死板、乏味，结果学员纷纷给出差评，老板下次也不会再请这位讲师了。

再比如基础教育培训行业，培训机构的用户是学生，学生希望老师上课幽默风趣，要求宽松，少留作业。而客户是家长，家长往往希望老师对孩子要求严格，能让孩子提高成绩，他们关注的是结果。

因此，培训机构的老师如果能充分了解客户和用户的需求，就应该知道既要让家长看到孩子学习成绩提高，又要照顾到学生的感受，要让课堂更有意思，课业压力也不能太大。

做客户画像和用户画像的思路和方法是一样的。能做好客户画像，如法炮制，也能做好用户画像。本书重点讲解如何做客户画像。

三大聚焦，占领客户心智

做客户画像的一个前提是做好"聚焦"。企业没做好聚焦，即使想做客户画像，也会像无头苍蝇一样乱飞，或者南辕北辙，越做越错。

我们经常在营销培训课堂上问学员："你们的客户是谁？"

很多学员非常自信地回答："只要对我们的产品有需求的，就是我们的客户！"

而我们会直接指出："这个答案大错特错！"

如果把所有需要你产品或服务的人定义为你的客户，你就等于没有客户！

为什么这么说？

首先，如果你的定位是所有客户，你就必须满足所有客户的需求，而客户对你的定位就不清晰了，不知道你到底是卖什么的。

其次，当你把所有需要你的产品的人作为客户时，你将面对三类竞争对手：行业巨头、口碑最好的竞品、价格最低的竞品。与之相比，你有什么突出的优势吗？是更有名还是更低价？

想在激烈的竞争环境中生存，就要让客户觉得你"更专业"，从而信任你，选择你。

这里的"专业"是相对的，不是绝对的。"更专业"的意思是更加精通于某一个垂直细分领域，只针对某一类客户提供产品和服务。比如你是卖奶粉的，你对1～6个月大的婴儿研究得特别透彻，那么在拥有1～6个月大的婴儿的客户眼里，你就是"更专业"的。

只有精通于某一个细分领域，才更容易让人相信你"更专业"。定位了自己，也就定位了客户；把自己定位为1～6个月大的婴儿奶粉专家，也就定位出1～6个月大的婴儿家长群体。因此，对自己的精准定位也是对客户的精准定位。

你对客户的定位越精准，客户对你也就越信赖，因为你在某一个领域是值得相信的。精准客户定位，其实就是对客户进行"聚焦"。

"定位之父"特劳特在《定位》一书中详细地讲述了这样一个观点——**定位最主要是聚焦**。当你聚焦某一细分领域，客户想要购买这一细分领域的产品时，如果能马上想到你，那么你就成功地占领了该客户的第一心智。就好像，一上火就想到喝王老吉，去屑就想到用海飞丝，学开挖掘机就想到去蓝翔技校，这就是占领心智。

聚焦的"天敌"是多元化经营。小微型企业切忌多元化，这也想做，那也想做，最后客户都不知道你到底是做什么的。客户在选择某细分类产品时，很容易会认为什么都做的企业不够专业，于是不会考虑多元化的小企业。

聚焦分为四种：**"人设"聚焦、产品聚焦、客户聚焦和区域聚焦**。

"人设"聚焦

"人设"聚焦，首先指的是企业或销售人员的工作属性定位，也就是告诉别人"我到底是做什么的"，**要学会给自己贴"标签"**。过去很多人把"贴标签"当作贬义词，如今在移动互联网时代，每个人都是产品，要清晰地标明自己的事业属性，勇于给自己贴标签。

如果给自己贴了太多标签，客户对你的定位就不够清晰、不够明确，你的专业性也就很难体现出来。人们有某一需求时也不会在第一时间想到你，那么你的"人设"定位就是失败的。

在这方面，做得最成功的当数明星群体。经纪公司为了宣传明星，会通过各种营销手段、各种节目或话题帮助明星打上标签，比如"偶像派""暖男""好爸爸"等标签。一旦人设立起来了，明星的演艺事业会顺利很多；一旦人设崩塌，就将是毁灭性的打击。

笔者曹大嘴是一位职业讲师，大嘴老师的"人设"定位是"最幽默的营销培训师"，所以大嘴老师只讲营销相关的课程，其他课程即便能讲也只能忍痛拒绝。因为他深知：如果讲师宣称自己什么课都能讲，就显得不够专业，企业一般是不太愿意聘请的。

笔者傅一声擅长移动互联网营销，所以傅一声的"人设"定位是"新互联网营销专家"。其实傅一声还是几家创业公司的联合创始人或股东，为了让自己的"人设"标签更清晰、更聚焦，他甚至忍痛转让了四家公司的股份与职务，专心服务于更多中小企业。所以，聚焦不是说说而已，而是要付出代价的。选择了聚焦，就得面临放弃其他。

近现代历史上也有很多老艺术家很早就懂得做"人设"聚焦，比如著名画家徐悲鸿以画马著称于世，齐白石画虾堪称一绝。

"人设"聚焦完成以后，还要对自己的个人特色进行标签化提炼，并展示给大众，让大家记住。除了在名字上下功夫，还有很多帮助我们树立"人设"的辅助方法。下面列举一些例子，希望可以给大家一些启发。

高晓松——长头发、双下巴、扇子；
郭德纲——桃子头、长衫马褂；

蔡康永——左侧肩膀上醒目的大饰品；

抖音网红"阿纯"——男扮女装；

抖音网红"面筋哥"——络腮胡加一头飘逸的长发，唱歌时一脸复杂的表情；

"papi酱"——说话加速；

早期的《万万没想到》网络视频——经典台词"我叫王大锤……"。

标志性的打扮、道具、动作、话语等，都可以帮助他人记住我们，有助于"人设"的树立。

在移动互联网时代，我们每个人都可以作为IP来打造，用个人IP带动流量，既高效又省力。**客户往往因为熟悉和信任你这个人，才会相信你所销售的产品，正所谓"卖产品不如卖自己"。**

产品聚焦

产品聚焦与客户聚焦是相辅相成的。产品聚焦不能闭门造车，要依托于市场需求和客户需求，根据对目标客户的画像来检验产品卖点的精准性。我们一直在强调卖点与痛点的一致性，而产品聚焦其实也是根据市场痛点来研究产品卖点的。

有些企业的产品类别特别多，在很多领域都想赚钱，但客户也很聪明，他们认为企业什么都做，就什么都不精。

以无锡的一家艺术培训机构为例，该机构开设的课程有舞蹈、乐器、美术、跆拳道、围棋等。科目很多，但是没有打造出精品科目，管理起来很累，营销成本也很高。虽然该机构运营了5年多，但始终没有盈利。后来周边出现了很多单项科目的培训机构，学员又被分流了很多，该机构的运营更加吃力。

经过分析与论证，该机构最后把比较冷门且没有优势的科目砍掉，只留下了美术和舞蹈两大科目。每个科目分别命名，成为独立的品牌并分别运营。经过两年的发展，该机构已经从一家"什么都做，什么都不出名"的艺术培训机构变成该区域知名的两家单项科目培训机构。

产品聚焦也是为了让卖点更突出，占领客户的第一心智，让客户清楚你的产品到底是解决哪一个痛点的。

例如：

海飞丝卖的不是洗发水，而是去屑；

潘婷卖的也不是洗发水，而是保养；

飘柔卖的更不是洗发水，而是柔顺。

其实这三个品牌都是同一家企业的，叫宝洁。为什么宝洁这么大的企业不做一款既能去屑，又能润发和让头发柔顺的洗发水呢？因为一旦这么做，客户就记不住这三个品牌了。

所以，如果你有很多产品线，不要把太多不相关的产品放在一起，不妨分开，形成单独的品牌、单独的卖点。

客户聚焦

客户聚焦就是精准的客户定位，即给目标客户做画像，也是本章主要讲述的内容，详见后续篇幅。

客户画像对销售的四大妙用

客户画像对一线作战的销售员至关重要。不懂客户的销售员，即使再勤奋，也往往收效甚微。会做客户画像的销售员，可以让销售卓有成效。

知道客户在哪儿

很多创业者创业时考虑并不全面，对市场并没有做深入的研究，也没有"顶层设计"（建楼之前要设计施工图，同理，企业也要给未来做好规划，这就是企业的"顶层设计"），更没有做客户画像。

结果90%的企业因为找不到客户而坚持不到两年。

销售员也是如此。很多销售员一开始都因为找不到工作而被逼无奈地选择销售这个岗位，不仅缺乏销售技巧，更缺乏找客户的能力。

案例：扫楼先生

2000年的年底，笔者曹大嘴创办的第一家企业坚持了一年零三个月，最终因找不到客户而破产倒闭。欠了一屁股债的他，只能从普通的销售员做起，在朋友介绍下跑去南京长航国际货运部做业务员。

上班的第一天，公司给了他一份客户名单，让他一个个地打电话推销。结果电话打过去不是空号就是没人接，即便电话接通了，对方没聊两句就挂了。无奈之下，他只能出去找客户。走出公司大门的那一刻，他是迷茫的，他不知道客户到底在哪里。

后来好心的销售前辈告诉他，写字楼里的客户通常比较多，建议他去"扫楼"。然后他就走了一栋又一栋的大楼，挨个地敲门、介绍产品。结果可想而知，他一次又一次地被拒绝。

有一次，一家公司的老板直接叫他滚出去，他一咬牙就真的从地上打着滚出去了。老板笑了，他哭了，却终于拿到了他销售生涯的第一笔订单。

很多销售员肯定都有跟大嘴老师类似的经历，无论烈日炎炎的酷暑，还是冰冷刺骨的冬季，都得拎着沉重的公文包到处去敲客户的门，这样的精神和勇气是可嘉的，但工作效率很低，满腔热情也会在一次次的拒绝中消失殆尽。

如果当年大嘴老师懂得做客户画像，就可以精准地定位他的客户，至少知道他的客户在哪里，并且可以更加有效地规划时间，而不用盲目地挨家挨户去推销。

节约时间，投资大客户

开发客户，如果眉毛胡子一把抓，会发现时间根本不够用。也就是说，如果不对重点客户做画像，时间的投资回报率将会非常低。

营销人员最大的成本就是时间。要想让时间收益变大，首先要对客户进行筛选，对需要花很多精力跟踪的客户进行重新定位，否则付出了很多努力，回报却不尽人意。

案例：一个很努力的保险推销员

有一次，笔者曹大嘴为一家人寿保险公司做辅导，其中一位销售员问大嘴老师这样一个问题："曹老师，我做人寿保险工作已经有10年了，我一直都很努力，但为什么我去年的业绩和前年没什么区别呢？而且今年的行业竞争更激烈，我的业绩还出现了下滑。不是说在一个行业只要做久了就能成功吗？我该怎么办？"

大嘴老师没有直接回答，反问道："你手里现在有多少客户？"

她说："已经成交的有几百个，正在跟踪的也有五六十个吧。"

大嘴老师继续问："你每天的时间是怎么安排的？"

她激动地说："我每天的时间都是排满的，我连吃饭都跟客户一起吃，晚上也经常和客户聊到很晚。"

"那你对客户做过筛选吗？"大嘴老师问道。

她正色道："老师，干我们这行对客户都是一视同仁的，不能区别对待，我都是全心全意服务客户的！"

大嘴老师有点哭笑不得了，说道："你的态度是一流的，但你服务客户，不也是想有所回报吗？想要改变现状，你首先要做的就是对你已成交的和未成交的客户进行分类，你要重新定位你的重点客户，把80%的时间和精力投资到重点客户身上，这样你的回报才会增长。另外，你也得带团队，把那些没时间服务的客户分配给你的团队成员，让他们去服务。你只要定好利润分配规则就可以了。"

以上这位学员就是因为没有做客户画像，觉得所有人都是自己的客户，谁都不想放弃，最后才让自己心力交瘁，收益不涨反跌。这是很多营销人员值得借鉴和反思的地方。

资深的销售员都懂得给自己的客户做"加减法"。"加"就是增加重要客户的服务时间；"减"则是减少非重要客户的服务时间，把一些体量小、要求高、回报率低的客户逐渐交给团队新人，甚至直接放弃。

那么问题来了，新销售员是不是就不用做客户画像了呢？当然不是，新销售员也要做客户画像，只不过方向不一样。新销售员手里没有多少客户，而大客户可能没三五个月时间跟不下来，所以新销售员要做的画像是跟自己更加匹配的、自己能够驾驭的中小客户，而把大客户交给公司的前辈去跟，不要自己逞强。等到自己有经验了，自信心也足了，再慢慢把精力转移到大客户身上。

了解痛点，描述卖点

当产品的卖点等于客户的痛点，营销就成功了一半。如何才能使卖点刚好成为客户最想解决的价值点呢？那就是要做客户画像。知道自己面对的客户是哪个人群，然后分析这一人群最迫切需要解决的问题有哪些，再根据这些痛点去研发产品，或从已有的产品上塑造相对应的价值点，就能让卖点贴近痛点了。

给客户做的画像越精准，痛点把握得也就越精准，卖点描述才能更清晰。当产品的卖点与客户的痛点保持一致的时候，客户购买便变得顺其自然。

提升客户体验感

体验感是决定客户是否会重复消费和转介绍的关键因素。

如果我们认真地做了客户画像，那么我们除了掌握客户的痛点，还了解他们所有的需求点，就能在更多方面满足客户，从而给客户带来极高的满意度和极致的服务体验。而客户很可能成为产品的忠实拥护者，并主动愿意帮忙推广。

为了提升客户体验感，就需要根据客户画像去深挖客户全方位的需求，然后根据这些需求调整产品和服务。

如何做客户画像

客户画像主要包含两类信息，第一类是客户的基本信息，第二类是客户的行为信息。

基本信息主要包括：年龄、性别、婚姻、子女、身高、体重、工作、职位、角色、收入、宗教、民族、健康、城市、学历、国籍等。

行为信息主要包括：习惯、喜好、运动、消费、口味、交通、旅游、阅读、房产、汽车、社交等。

如何做好客户画像？主要分为以下四个步骤：

第一步，"画"出轮廓。

这个步骤包括分析并整理现有产品的优势和卖点，找到对应的大致客户群体，"画"出最基本的客户轮廓，比如是男性为主还是女性为主，是老人为主还是小孩为主，是普通人购买还是企业购买等。

给个人客户做画像

客户画像示意图

如果产品还没有上市，可以把同类产品作为参照。

第二步，数据采集。

如果产品是现成的，那么可以对现有的客户群体进行数据采集。采集方法有三种：

第一种是让每一位新到店或新洽谈的客户填写一张信息登记表。

第二种是给老客户通过微信、QQ等方式发送《客户基本信息登记表》，请他们填写并回传。或者直接通过"问卷星"和"金数据"等应用程序让客户填写，这种操作简单方便，在后台可以直接看到数据（表格模板见本章末尾的附表）。

第三种是针对未成交的潜在客户，让他们填写问卷以获取信息，同时兼顾拓展客户。

公司可以让全体员工和稳定的、易接触的优质客户帮忙转发问卷，这样一方面你能得到潜在客户的需求信息，了解到观望型客户内心真正的想法，另一方面还能顺便推广品牌。

如果产品还在研发阶段，可以分析同行的客户数据。比如，你准备开家奶茶店，那你可以去生意好、产品定位跟你类似的奶茶店门口蹲守，记录每天来门店消费的人群的信息，具体可以包括：男女比例、年龄段、平均消费数量与金额、销售高峰时间、销量最好的奶茶种类等。

第三步，信息整理。

信息整理的具体方式为：对搜集到的基本信息取"平均值"，对行为信息取"众数"（一组数据中出现次数最多的数值）。

比如来青少年教育机构报名的学员中，80%是4～6周岁的学龄前儿童，那么4～6周岁就是大概的平均值。然后需要从行为信息中筛选众数，假如80%的买单者都是"80后"妈妈，且她们大多是白领，那么"80后"白领妈妈就是行为信息的众数。

~~~~~~~~~ **案例：少儿英语培训机构** ~~~~~~~~~

2018年，我们为常州某少儿英语培训机构做营销辅导时，发现这家机构的生源主要靠股东们的人脉获取，该机构基本没有做营销，更加没有做客户画像。

我们进驻该机构后的第一件事就是给他们的老学员做调研

和分析。我们发现来上课的小朋友中，上幼儿园中班和大班的人数最多，几乎没有小学生，也很少有未达到上幼儿园年龄的孩子。即使招过来2～3岁的孩子，也非常难带。

于是，我们为该机构做出定位，只招收4～6岁的孩子，也就是从小班到大班的孩子，其他年龄段的一律不招。这样课程设置更加精准，能提升学员和家长的体验感。最关键的是客户定位精准之后，客户群体的地理位置信息就更加明确，接下来做地推也更加有的放矢。

第四步，得出结论。

根据上述三个步骤得出的详细信息，就可以画出客户最终的清晰"画像"，就能明确谁才是真正的目标客户，所有的营销就可以围绕着精准客户而展开。

案例：青少年高尔夫培训机构

这个案例源自我们在2019年年初辅导的一家无锡青少年高尔夫培训机构。刚接手这个项目时，我们了解到该企业已经运营了一年多，此前没有做任何营销，也没有明确的客户画像。

初创型企业需要"活下去"，所以无论成年人还是青少年的培训，他们都做，而且对青少年也没有定义具体的年龄段。这一切导致销售盲目，缺乏目标，课程研发缺少针对性，学员满意度不高，客户主动转介绍几乎为零，客源基本依赖于几位股东的人脉资源。

我们承接这个营销策划辅导项目后，做的第一件事就是给客户做画像，由此实现了精准客户定位。

具体来说，第一步做的是产品聚焦。从什么培训都接，到定位为专注做青少年高尔夫培训，甚至把企业名称都做了相应的改变，一切都基于"用户思维"的思考。因为学员是小朋友，所以企业把自己的名称以可爱的小动物命名，后来事实证明，这个新名字确实更受小朋友的喜爱，也利于人们的记忆与传播。

第二步是做用户画像。企业将目标学员精准定位为一到三年级的小朋友，因为一年级以上的小朋友比幼儿园的小朋友更好管理，而且高尔夫培训的球杆对身高也是有要求的。为什么目标学员没有定位到高年级学生呢？因为在无锡，高年级学生的学习任务繁重，且存在很大的升学压力，家长周末则偏向于送孩子到文化类培训机构上课。

第三步是做客户画像。青少年培训机构的用户是学生，但客户是家长，因为家长是买单的主体。因为学习高尔夫运动的费用相对较高，要求学员的家庭经济条件较好，所以可以从高端小区和私立学校来定位主要的客户群体。该机构周边3000米范围内的高端小区是一大营销重点，因为住户经济条件较好，且接送孩子方便。另一方面，对于不同学校的家长，也要做出不同的筛选。经过调研，我们发现周边的几所公立学校的家长更注重孩子在语文、数学、英语等文化类课程的培训。综合分析，该机构应主要定位为私立学校的客户群体，尤其是以出国为目的的高端私立学校的客户群体。

以上案例是我们真实操作的项目。做完客户画像，后续的一系列营销工作都将围绕目标客户而展开。

案例：并非所有孕妇都是客户

2014年，大嘴老师曾经辅导过一家经营干细胞储存的企业。这家企业比较特别，目标客户相对比较明确，就是怀孕的妈妈。因为干细胞储存的是脐带和胎盘中的细胞，所以采集行为只有在孕妇生产时才能完成。

刚开始，该企业的销售员只要看见大肚子的孕妇就会上前推销干细胞储存业务，但效果不是很好，被拒绝的概率非常高。即便客户一开始表示有兴趣，聊到后面成单的也寥寥无几。该企业里优秀的销售员一个月最多也就签三四单，而很多销售员甚至连一单都很难签到。

当大嘴老师接手这个项目时，首先到很多医院走访调研，同时观察销售员是如何做推广的。结果发现销售员们并没有对客户进行筛选，反而是看到和善的孕妇才敢于搭讪，看到比较有气质、穿着高贵的孕妇反而发怵，不敢上前。

回到公司后，大嘴老师和销售员们一起重新对客户做了清晰的画像：

（1）孕期在6个月以上的孕妇

这样的孕妇是目标客户，因为孕期太早的孕妇关心的是肚子里的胎儿是否健康，不会去想太多其他事情。

（2）看上去比较有气质、穿着高贵的孕妇

储存干细胞的费用比较昂贵，一般的家庭承担不起，所以需要筛选家庭经济条件比较好的对象。

（3）年龄较大的孕妇

年龄较大的孕妇更加珍惜来之不易的小生命，只要是对孩子有好处的，她们至少不会反感，更有可能感兴趣。

（4）经常一个人来检查的孕妇

之所以一个人来医院，很可能是因为丈夫工作比较繁忙，这样一来，家庭收入可能相对较高。当然也可能是因为孕妇的性格比较独立，能自己做主。

（5）较早预订月子会所的孕妇

月子会所的费用不低，能提前订月子会所的孕妇通常家庭经济条件不错。

（6）喜欢挂专家号或特殊门诊的孕妇

对于这类孕妇，从某种程度上来说，一般家庭经济条件较好，或者对肚子里的孩子特别重视。

做好客户画像后，销售员再去推广就变得更有针对性了，再加上大嘴老师传授的推销技巧，成交率立刻提升了好几倍，而且很多销售员一个月就能签到不少20年以上的大单。

我们来分析下这个案例。从表面看，该企业的客户似乎定位非常清晰，就是怀孕的妈妈，但真正操作起来却发现其实没有这么简单。孕妇还可以再细分，如果我们把所有孕妇都当作目标客户，销售员的时间完全不够用。一个市级妇产医院每个月的新生儿出生量为500到1000左右，一线城市甚至会达到两三千。几乎所有的妇产科门诊部每天都是人山人海，上午晚到一点都挂不到当天的号。这么多的流量，销售员根本顾不过来，再加上还要维护老客户，一天时间很快就过去了，所以销售员一定要做好客户的精准定位。

很多行业都会遇到类似的问题，比如保险公司，他们的客户范围比干细胞储存公司更大，几乎所有人都是他们的目标客户。如果不做细分，保险业务销售员虽然每天很忙碌，但因为见的客户不够精准，产品与客户需求不匹配，所以被拒绝的概率很高，时间的投资回报率很低。

附表：客户基本信息登记表（模板）

为了更好地为您服务，烦请填写以下资料，填写完成即可获得抽奖资格。

一、基本信息

姓　　名		性　　别		出生日期	
婚姻状况		孩子年龄		宗教信仰	
学　　历		手机号		QQ号	

二、工作信息

职业信息	A. 企业主	B. 企业中高管	C. 普通职员
	D. 自由职业	E. 无固定职业	
年收入（元）	A. 10万以下	B. 10万~20万	C. 21万~30万
	D. 31万~50万	E. 50万以上	

三、行为习惯及其他

运动偏好	A. 篮球	B. 高尔夫球	C. 羽毛球
	D. 乒乓球	E. 健身	F. 瑜伽
	G. 游泳	H. 极限运动	I. 冰上运动
	J. 跑步	K. 足球	L. 其他
个人爱好	A. 乐器	B. 书法	C. 绘画
	D. 桌球	E. 旅游	F. 电竞游戏
	G. 阅读	H. 炒股	I. 棋牌
	J. 音乐	K. 看电影	L. 其他

	A. 川菜	B. 火锅	C. 西餐
饮食偏好	D. 东北菜	E. 粤菜	F. 淮扬菜
	G. 日本料理	H. 韩式料理	I. 其他
交通方式	A. 汽车自驾	B. 自行车	C. 公交或地铁
	D. 电动车	E. 步行	F. 其他
房产情况	A. 一套	B. 两套	C. 三套
	D. 四套	E. 五套及以上	F. 无

备注：以上表格只是一个模板，读者朋友可以根据自己公司的具体情况，减少或增加客户需要填写的信息。

02

HOW TO FIND

鱼塘
找对客户群，让营销有的放矢

鱼在哪里？水里。

找对鱼塘，才能钓到大鱼。

鱼塘不同，营销策略也不同。

鱼儿在哪里？水里。要想找到鱼儿，必须先找到鱼塘。**在鱼塘式营销中，"鱼儿"指的是精准客户，"鱼塘"则是精准客户的聚集地。**

在互联网营销风靡之前，大多数门店的营销方式主要靠所处地段的自然流量，因此选址特别重要。肯德基的选址策略是营销学上很经典的案例。肯德基有一套完整的选址计分法：商场营业额超过1000万，记1分；商场营业额达到5000万，记5分；门口有一个地铁站，记2分；门口有一个公交站，记1分……

古人云"一步差三市"，意思是开店的地址差一步就有可能差三成的买卖。但人流量越好的地段，费用也非常高。小企业出于控制成本的考虑，有时只能选择人流量稍差的地段，店内流量自然差强人意。因此，企业需要克服自然流量匮乏的困难，开展主动营销，通过各种手段把客户吸引进来。

找对鱼塘，才能钓到大鱼。第一章中我们明白了如何做客户定位，接下来就需要到正确的地方找精准的客户。就像我们不能到大海里找小龙虾，不能到小水沟里找鲨鱼，找错了鱼塘，自然钓不到我们需要的鱼。

鱼塘的分类

根据客户的流动性，我们可以将鱼塘分为：流动型鱼塘、周期型鱼塘和稳定型鱼塘。由于社交网络的普及，还有一类不可忽视的鱼塘，那就是"线上鱼塘"。（本书中的"线上"指各类互联网平台，如新闻客户端、社交软件、网站等）。

每种鱼塘都有其独特之处，营销策略自然也不一样。下面我们将分别对这四类鱼塘的营销策略进行详细讲解。

流动型鱼塘的营销策略

流动型鱼塘指精准客户人群经常聚集在一起的暂时型区域，客户流动性较大，人员不固定。例如商场、马路、医院、饭店、学校门口等，人流量大，但人员不固定。流动型鱼塘不一定是人流量越大的地方越好，要看你的精准客户在哪里。

对于青少年教育培训机构，学校门口、商场里的儿童游乐场门口，还有各类知名教育机构的门口就是它的流动型鱼塘。

对于美容整形机构，精准客户是有高消费能力的年轻女性，那么私立学校门口、健身工作室、一些有小资情调的网红店，以及高级购物中心就是它的流动型鱼塘。

流动型鱼塘最适合开展地推的营销手段（地推是地面推广的简称，指针对各种地面市场资源，通过实地宣传来进行传播的市场推广行为）。具体来说就是到目标客户流动的区域挨个对潜在客户进行一对一推销。

地推看起来门槛很低，似乎随便找个人到大马路上发发传单就可以。但想要做好地推，其实非常需要技巧。很多公司因为没有用对方法，达不到预期的效果，于是否定地推的作用，这是不明智的。

开展地推的方式通常有四种：派发传单或体验卡、福利吸引、摆摊设点、店门口做活动。

派发传单或体验卡

这种地推方式是直接给目标客户发产品的宣传单或免费体验卡，常见的就是房地产公司销售员和健身房销售员在公司附近人流量大的交通要道派发传单或体验卡。

虽说很多人比较反感当街发传单的行为，但毋庸置疑的是，这种方式非常有用。

笔者家门口就有一个健身房，从装修到开业的一个月时间里，该健身房的教练和销售员就一直在附近做地推，给来往的行人发传单，并预售健身卡。笔者也是通过他们的地推而了解到该健身房开业信息的。开业没几天，健身房里就顾客爆满，看来地推的效果非常好。

要想让这样的地推更加有效，还需要使用一些技巧，接下来我们用一个案例来说明。

~~~~~~~~~~~ **案例：青少年培训机构的成功地推** ~~~~~~~~~~~

我们给一家青少年高尔夫培训机构做辅导时，为他们量身制定了一整套在学校门口做地推的营销策略。仅靠三位销售员和几位教练，在短短一个月的时间里就加到了1000多位家长的微信，从而把该机构整个暑期的课程都排满了。

当时的地推营销策略共有四步设计：

第一步：制定考核目标

地推不是一个轻松活儿，需要放低姿态，敢于承受拒绝。一般的销售员很容易在拒绝中消磨斗志，甚至心存怨愤。为了激励大家每天都能激情满满地"战斗"，我们对地推销售员设定了一个完整的考核机制。其中最关键的就是给每人设定一个每天需要完成的任务目标，叫关键绩效指标，即KPI（Key Performance Indicator）。我们把成功加到的有效微信数量定为KPI，这就是过程管理。销售管理不能只关注业绩结果，更要关注新客户积累的过程，因为没有每一天的新客户增加，是不可能有最终的持续签单的。

我们对每个人要求的微信添加数量不一样，最优秀的销售员一天加微信的任务量是15个，其次是10个，而新员工的任务是每天加3个微信，且完成任务才能下班。我们还设定了考核周期，比如一个月或一周，然后根据大家的目标达成率来进行奖惩，比如达成目标的奖励现金，没有达成的要接受做俯卧撑等小惩罚。

第二步：筛选地推区域

我们从该机构周边3000米范围内筛选出三个跟我们客户群最匹配的学校，其中有私立的高端学校，也有高端学区内的公办学校。

在选择地推学校的时候也要注意，并非越高端越好，还要注意学校的理念，因为有些学校偏重文化课学习，家长就倾向于送孩子上文化科目类的补习班，而有的学校倡导学生综合发展，学生的课业压力较小，给孩子预留了较多学习其他兴趣项目的时间。

接着我们按照A学校、B学校、C学校的顺序，每天选择一个，轮番开展地推。

除了学校，我们还选择了其他三类鱼塘：其他教育机构门口、开盘10年左右的高端社区门口，以及商场的游乐园门口。

第三步：内部模拟练习

成功的地推一定是做了很充分的准备和设计的。在大家出去地推之前，我们就在公司内部进行了角色扮演和模拟练习，帮助销售员不断提炼更有吸引力的推销话语。

地推结束后，或者第二天地推前，大家一起总结前一次地推遇到的问题，互相交流如何改善推销话语和策略。

第四步：地面推广

推广的方法很简单，就是告诉家长可以免费带孩子过来体验一次非常有趣的高尔夫教学，并告知家长，孩子学会打高尔夫了，长大以后就掌握了一个高端社交方式，可以通过这项运动认识高端的人脉。家长表示有兴趣后可以立刻互加微信，邀请到机构的家长体验群中。

从这个案例中我们可以看到，好的地推是经过认真设计的。地推看起来简单，可是只要一个环节没做到位，就会效果惨淡，甚至让团队怨声载道，无法继续执行下去，最后无法发挥地推的优势。大多数做地推失败的公司，不是地推这个方式不行，而是没有用对方法。

要做好"发传单加微信"的地推模式，这四个关键要素要把握好：

第一，选对鱼塘；

第二，选对人；

第三，对销售员进行推销话语设计和训练；

第四，要关注每一天的结果，找到关键绩效指标。

福利吸引

这种地推方式是用客户想要的福利来吸引目标客户。例如，很多少儿培训机构会在商场内用小孩子喜欢的玩具吸引家长留下电话或微信，并预约体验课。你还能看到有些公司会发放有价的体验券、洗车卡、化妆品小样等。这种地推方式能够成功，选对福利是关键。在鱼塘式营销中，这些小福利被称为鱼饵。鱼饵的具体选择与操作，详见本书第四章。

摆摊设点

这种地推方式是在"鱼塘"门口摆摊，比如很多教育机构在学校门口或小区门口支个小桌子，旁边摆个易拉宝进行宣传和咨询。

在鱼塘门口设摊，要提前跟对方负责人打好招呼，至少要跟门口的保安知会一下，同时可以邀请他们来公司参观，让他们感受到我们的服务与产品是令人放心的。

店门口做活动

笔者曹大嘴有一次吃完晚饭后出来散步，经过一家琴行，正好有两位老师在琴行门口演出，于是驻足观看了一会儿，感觉挺有意思并进店了解，最后买了一把吉他和15节培训课。

如果公司所在的区域门口人流量较大，何不采取一些引流的方法，否则这些流量就白白浪费了。比如可以直接在自家店门口做活动，这样可以当场引流到店里。

人们都有这样一种心理，漫无目的闲逛时，如果有一个人跟你打招呼，你会下意识地被吸引。你可能会遇到这样的场景：你在街上闲逛，肚子饿了想吃饭，突然旁边有一家饭馆的招待员跟你打招呼，你就很容易被吸引而进去看看，如果看起来还不错，你就肯定会坐下来消费。

那么，是不是派一两个人在门口迎宾就行了呢？这不够，还要设计好引流的理由，可以是产品的价值，也可以是一张体验券（鱼饵）。同时，要对消费人群进行定位，特别匹配的准客户要重点沟通。

案例：程勇为何一开始被拒绝？

《我不是药神》是非常火的一部电影，看哭了很多人。这部电影中，徐峥饰演的程勇销售的是治疗慢粒白血病的印度仿制药，这些药物针对的客户群体是慢粒白血病患者，而且是买不起昂贵的正版药的患者，这就是客户画像。

接着，我们来做鱼塘画像：这些患者在哪里？他们经常会去一个地方，那就是医院，所以医院就是客户的鱼塘，而且是流动型鱼塘。

影片中，一开始程勇带着销售员们去医院推销，客户定位很精准，推广态度也很好，可是为什么屡遭拒绝呢？问题出在两个方面：首先是还没有获取目标客户的信任的时候就直接推销产品，人家不把他们当卖假药的才怪；其次是没有设计好"鱼饵"，至少得送人家几粒药，让人家体验到药效才会信任他们。

如果让我们来销售，我们会找一个患者免费试吃，等有疗效了，再请这个患者帮我们分享和推广。

周期型鱼塘的营销策略

周期型鱼塘的最大特点是周期性，即客户在相对固定的时间内聚集在一起，比如参加线下的各种聚会活动、主题沙龙、公开课与培训会、商务研讨会、产品发布会、商品展销会等。这些活动一般并非举办一次，而会定期和长期举办。

有些培训机构为了引流而开展大型的体验式培训会，大多收费不高，甚至有些是免费的。只要主题足够吸引人，就会有不少人前来参加。少则几十人，多则上千人。这样的临时培训会就是一个典型的周期型鱼塘。

还有一些政府机构、社会团体、商贸协会则会针对白领或创业者等人群组织公益沙龙，这也是典型的周期型鱼塘。

还有一些公司会为了引流或招商而组织活动，例如体验课、分享会、发布会等。

如何利用好周期型鱼塘呢？比较好的方式是直接参与到这些活动中，然后跟周围的人群进行交流，进而促成后续交易。

那么该如何在这种场合和其他参与者交流与沟通，甚至推销自己呢？这里提供三个实用技巧，学完以后立即实践，你会发现原来如此简单！

（1）提前进场占前排

假如你得到消息，某协会组织了一场公益性的总裁培训沙龙。对于这么好的周期型鱼塘，你不想错过，也准备参加。通常社会资源较多、人脉较广的人都喜欢坐在前排，所以你得提前去占前排的好位置，这样你的前后左右才有可能是比较优质的客户。如果主办方已经把前排事先安排好了，还有没有机会呢？当然有。活动开始半小时后，如果前排还有空位置，基本代表那个位置不会来人了。此时你可以利用中间休息时间换到前排位置，而主办方也非常喜欢这种行为，因为他们想让前排坐满一点，这样拍出的现场照片才好看。

如果你跟同事一起去，尽量分开坐。笔者发现，一些公司如果有几位销售员一起去参加活动，往往喜欢扎堆坐，这样就会失去跟更多有价值的人认识的机会。只有分开坐，每个人才能有更多接触陌生客户的机会。

如果主办方提供就餐，也建议大家分散到不同的餐桌就餐。如果分别有午餐和晚餐，建议和不同的人一起吃饭。在吃饭的过程中大家都会比较放松，比较容易交到朋友。一顿饭吃下来，交流能力强的人能把一整桌人的微信都加上，还了解每个人的基本情况。

（2）人际交流中的"1米法则"

很多人觉得跟陌生人交流很难，觉得非常不好意思。人际交流中有一个"1米法则"，就是说你要主动与在你一米范围内的人进行主动交流。

那么如何与陌生的优质客户交流呢？就得让自己更外向、更主动一点。

如果你现在还不具备这样的能力也没关系，请仔细学习下面这个简单易行的交流三步法，只要按照这三个步骤去做就可以了。

第一个动作：对眼

这个动作是指主动与陌生人"四目相望"。注意，不是直接看对方的眼睛，而是看对方脸部三角区的中间部分。三角区是指以两条眉毛为上横线，嘴巴为下顶点，以此画出一个脸部倒三角图形，然后看这个三角形的中间部分即可。没错，就是鼻子。

第二个动作：微笑

当对方也在看你的时候，请立刻露出富有亲和力的微笑。

第三个动作：点头

微笑的同时，轻轻地点两下头。微笑点头之后，你们就算打过招呼了，接下来你想要跟对方聊些什么都显得不那么尴尬了。

这时，你跟客户之间就已经从完全陌生进阶为"半熟"，赶紧去实践吧！

（3）筛选优质人群

如果线下活动的参与人数较多，就需要做筛选。如果不进行筛选，就会浪费很多时间，会错失很多与优质客户成为朋友的机会。我们要快速地对现场的客户进行区分，锁定目标客户后再采取下一步的行动。

案例：红手环

大嘴老师曾在苏州参加过一场大型的、为期三天两夜的营销培训班，讲师都是大师级人物，有6000多人慕名而来。像演唱会一样，根据座位离舞台距离的不同，收费标准也不一样。主办方给每一位进场的学员发放不同颜色的手环来区分座位区域。前三排票价过万，学员佩戴红色手环，往后依次是黄色、蓝色和绿色手环。佩戴红色手环的基本都是企业家。

通过手环颜色的区分，我们可以筛选出精准的潜在客户，而佩戴红色手环的就是大嘴老师的交流目标。大嘴老师没有购买最前排昂贵的座位票，想要认识佩戴红色手环的学员，就只能另想他法。

当时大嘴老师还没戒烟，每隔一个小时左右就会跑出去抽一次烟，然后就想到了一个办法：故意不带打火机，专门去找戴红色手环的学员借火（当然先得把自己的手环藏起来），然后一起抽烟，顺势开始聊天并互加微信。

靠着借火和聊天，大嘴老师三天下来共加了100多位佩戴红色手环的企业家，同时还被他们拉进了很多个企业家学习群。在接下来的几年中，当时认识的好几个"红手环"企业家都陆续聘请大嘴老师去讲课，并成为大嘴老师的粉丝客户，还转介绍了很多其他客户。

这是一个比较典型的成功案例，我们来深入分析一下大嘴老师为什么能在这次的营销培训班中达到预期目标。

首先，大嘴老师主动通过手环的颜色进行优质客户的筛选，让他有了明确的交流目标。而借火这个动作又拉进了彼此的距离。凡是有吸烟习惯的朋友都会有这样的感触，即两个陌生人在一起，只要相互递烟，关系自然就拉近了。再加上大嘴老师谈话时会使用心理学的技巧——共情法，即顺着对方的话题去聊天，这样容易产生共鸣效应，能迅速拉近彼此的关系。大嘴老师就这样从培训班这样的周期型鱼塘中获取了很多精准客户。

不过，话说回来，大部分的活动主办方并不会对参会者做标识，参加活动的可能只有很少的人是真正的老板，大部分人不是营销人员就是企业管理人员，那么该如何辨别精准客户呢？就需要提前做更多的工作，例如做目标客户的画像。

比如参加企业家的联谊会或培训会，你要知道优秀的企业家通常如何穿着打扮，大致的年龄段，座位的位置和区域，拥有什么样的气质，身边是否有驾驶员或助理跟随，会有多少人主动跟他打招呼等。然后你再想办法找到与这些有身份的企业家靠近的机会，比如提前占座位，吃饭的时候主动靠近，等等。

稳定型鱼塘的营销策略

稳定型鱼塘通常指比较固定的协会、商会和其他机构的内部客户等。这些目标客户较为稳定地聚集在该类鱼塘中，适合长期、稳定的合作。利用好稳定型鱼塘，可以发挥很大的作用并产生持续性的影响。

那么如何利用好这么重要的鱼塘呢？

打入鱼塘

"打入鱼塘"的意思就是自己首先成为"鱼儿"，从而打入鱼塘内部，正所谓"舍不得孩子套不着狼"。若稳定型鱼塘是某个企业家协会，我们可以申请加入协会，成为协会的一员。加入之后可以定期参加协会的各类活动，增加自己的活跃度，与企业家们多互动，多交朋友，从而取得他们的信任。

其他稳定型鱼塘也是同样的道理，可能需要花费很多时间和精力来投资。

我们身边打入稳定型鱼塘的成功案例非常多，下面给大家分享一些，希望你能得到一些借鉴与启发。

案例：大嘴老师的培训客户

大嘴老师是一位职业讲师，但也曾创办过自己的培训机构。在经营培训机构时期，大嘴老师前后加入了七八个不同的协会，比如无锡民营企业家协会、中小企业家协会、无锡青年企业家协会、建材协会、木业协会、作家协会和心理咨询师协会等，而且还成功地参加了上海交通大学的EMBA总裁班。大嘴老师每年都积极参加各个协会举办的年会，由此认识了一大批企业家，并带来了众多营销培训和辅导订单。

2016年起，大嘴老师转型为职业讲师，客户对象从企业家转为全国各地的培训机构，并经同行推荐正式加入江苏培联。

大嘴老师热衷于参加各个协会的公益活动及各培训机构组织的讲师分享会。大嘴老师此后又先后加入了浙江培联、上海培联及山东培联，结果2018年全年的授课量达到了180天之多！其中一多半的授课量都是由这些培联中的会员单位贡献的。

与塘主合作

稳定型鱼塘与流动型鱼塘有一个很大的不同，那就是稳定型鱼塘通常有相应的负责人或管理者，我们称为"塘主"。塘主就好比鱼塘的主人，鱼塘中的成员对塘主更加信任。

如果塘主愿意为你推荐，鱼塘中的成员更愿意相信你和你的产品；如果你没有征得塘主的支持，就贸然在鱼塘内推广，不仅效果不好，还兴许会被塘主赶出来。

因此，**如果能与塘主进行合作，让塘主帮你引荐，会产生更好的效果**。并且，若合作愉快，这个合作将是持续有效和越来越好的。关于如何与塘主合作，我们将在下一章详细讲述。

线上鱼塘的营销策略

其实，只要有人的地方，就有鱼塘。 如今，最大的流量在哪里？在网络上。线上鱼塘是被很多人忽略的大鱼塘。线上鱼塘指的是在网络上目标客户聚集在一起交流和互动的平台，分为封闭式鱼塘和开放式鱼塘两种。封闭式鱼塘的人员相对固定，流动性小，黏性高；开放式鱼塘的人员不固定，流动性强，但流量极大。因此，针对这两种不同的线上鱼塘，营销策略也不一样。

封闭式鱼塘

封闭式鱼塘的目标客户被圈在一起，成员相对固定，而人数一般都有上限，最典型的就是微信群、QQ群、微博群、钉钉群组、飞聊群组等。本书重点介绍微信群的营销方式。

进入某些组织性比较强的群是有一定门槛的，如企业家协会群、商会群、总裁培训班的班级群、高尔夫俱乐部群、高端住宅业主群等，你必须先成为其中一员才能进入这些群。

而有些群则比较松散，如线下企业家沙龙、公开课群、企业家交流群、行业展销会群等，这些群门槛较低，只要有人邀请就能进入。

找到精准客户所在的优质群，可以帮助我们快速拓展客户资源。加微信好友的上限是5000人，而微信群的成员上限是500人，也就是说，如果你有10个优质微信群，就等于多了5000位潜在客户。如果是100个群呢？那就是5万位！

从某种程度上讲，手头的优质群越多，潜在客户也越多。

（1）换群

最简单直接的加群方法就是换群。比如，你手里有5个高质群，朋友也有5个同类型的高质群，两人一交换，各自就都有10个高质群了。通过这种方式能够快速增加手里的优质群。

当你手里有20个以上的群，就要注意群的品质了。群数量的递增，一方面会拖慢微信的运行速度并快速增加微信的信息存量，另一方面使管理任务加重，你很容易被无用消息所干扰。因此，微信群数量递增的同时，要对质量不高的"死群"或"广告群"进行清理。不要觉得可惜，有舍必有得，不好的群要坚决退出或解散。

换群也有一个简单的流程：

第一步，锁定互换对象。

选择互换微信群的人要满足三个条件：第一是身份匹配，第二是客户一致性，第三是善于经营微信人脉。总而言之，这个互换对象手里的资源要又多又精准。

第二步，先把对方邀请到自己的优质群内。

既然是交换，总有一个人要先行动，这里倡导"先付出"。有一次，一位业界知名的讲师直接把大嘴老师连续拉进了5个培训行业大群，大嘴老师看人家这么仗义，赶紧付出行动，也想把这位老师拉入自己的行业大群。但是当他连拉了10个群，才惊讶地发现，这位老师已经在其中的9个群里了。可想而知，这位老师的行业群资源该有多么丰富！后来了解到，这位老师的年授课量大约为200天！

只有你先付出行动了，人家才会愿意投桃报李。通常来说，你将对方拉进几个群，对方也会把你拉进几乎同样数量的行业群。我们也碰到一些微信好友想要和我们互换微信群资源，但只是问我们要不要换，却没有任何行动，这就显得诚意不足。

第三步，改群昵称。

进入别人的微信群后，应立刻修改自己的群昵称，格式最好是"名字+后缀"。后缀主要展示你的标签、身份、职业等，且这个后缀要与这个群的需求相匹配。比如说你是做女性化妆品代购的，而这个群里都是年轻的妈妈，那么面对这些精准用户，就可以把自己的群昵称改为"某某某-某国代购化妆品"。你只要在群里说话，群昵称就会出现，就相当于给自己做广告和推广了，大家有需求就会找你。

第四步，请推荐者介绍。

进入一个新群，千万不要马上推广自己，也不要发红包。因为你跟群里的成员不熟悉，你们之间没有任何信任关系，所以你发广告人家会反感，你发红包人家认为是应该的。正确的方法是请推荐你入群的伙伴帮你做一个简单的介绍。当然，这个介绍可以由你事先编写好，让推荐人代为发布，这样大家才会快速地接受你。你也可以入群后跟群主交朋友，让群主也一起引荐你，效果就更好了。

第五步，积极互动。

即便有人推荐你，你也不能马上做推广，需要先建立一定的信任度之后再做推广或加人。最简单的方法就是经常与群里的人互动，他们聊什么你就加入进去一起探讨，甚至唱反调也不是不可以的，这样能产生话题，刺激大家参与讨论，你也能得到大家的关注。

你还要经常在群里发一些比较有用的文章或资讯，如果是行业群，就可以发行业里的专业性文章，或趋势、动态、新闻等。总之要让大家觉得你发的内容都很有价值，也就会认同你这个人的价值了。慢慢熟悉之后你再发一些软文类推文，或用一些有价活动作为"鱼饵"来"钓鱼"。看到一些特别有价值的、比较匹配的客户对象，你便可以一个一个地加好友。

如果你的群越来越多，就要把需要重点维护的群置顶，然后每天定时进去互动。

（2）打入线上鱼塘

打入线上鱼塘和打入线下鱼塘的思路虽然差不多，但是策略有一定的差异。

在线下，大家面对面交流，至少"刷了个脸熟"，相对比较容易建立信任感。而在线上，想要与陌生人交流，最好的办法是输出价值。

在微信群中，你的每次发言都可以被群内的所有人看到，这是线下没有的优势。那么，如果你的发言有价值、有内容，就会吸引有相应需求和兴趣的人来主动联系你。

笔者傅一声作为新媒体营销高手，就有着很多打入线上鱼塘的经验，下面给大家分享一个他的成功案例。

案例：在今日头条官方群里卖课

傅一声是新媒体写作的行家，他在今日头条上发表的文章超过10万次阅读量的比例在80%以上，并且经常有阅读量超过百万次的文章产生，这背后其实是有方法可言的。

恰好2017年是自媒体爆发的一年，很多名人纷纷入驻头条号、百家号等自媒体平台，各行各业的意见领袖和普通人也大量加入，自媒体写作的培训需求非常大。

于是傅一声把这些方法系统地整理出来，在"饭团"（当时一个最新的知识付费平台）上推出《爆款写作20讲》这门写作课程。

傅一声最开始没有主动做营销，因粉丝在自媒体后台发来私信，主动问傅一声有没有相应的课程，他才顺势推一推自己的课。因为他没有主动打广告，所以主动发来私信的人很少，即便问了，也不方便持续交流。

后来，今日头条为了让广大作者更加系统地运营好这个平台，吸引更多的人来今日头条输出内容，于是连续举办了几期"头条职场班"。

头条职场班是官方举办的为职场领域的创作者进行培训的社群。整个社群几乎涵盖了大多数在职场领域想要做好自媒体的一群人。

这群人通常热爱学习，创作热情高，期待快速突破自己，有热情又有痛点。这群人正好是傅一声《爆款写作20讲》的授课对象。

傅一声加入头条职场班这个精准鱼塘后，自己既在里面学习官方传授的知识和技巧，又近距离地观察爆款课的客户人群。

官方安排的课程在群里讲完后，对于同学们还不明白的问题，傅一声便会在群中给大家答疑。平时大家在群里提出任何困惑与疑问，他也会在第一时间解答。同时，傅一声也会分享自己的一些写作心得和好文章的战绩，以此来鼓励大家。

这个过程没有任何广告痕迹，都是实实在在地帮助群友。在这些答疑和互动的过程中，大家与傅一声的关系逐渐拉近，对他产生了信任感，也被他的专业所折服。很多人添加傅一声的微信进行请教。针对愿意系统地学习并且有付费能力的学员，他顺势推出自己的《爆款写作20讲》课程，直击痛点，转化率非常高。

第一期头条职场班开设不久，今日头条又陆续推出了第二期、第三期……傅一声一口气参加了五期，收获了近千名爆款课的粉丝，也奠定了他在新媒体写作方面的"江湖地位"。

这是一个典型的通过社群打入线上鱼塘的案例。

因为傅一声分析过这门写作课的授课对象，做了客户画像，即那些在自媒体平台上创作，热爱学习，又有培训需求的一群人，所以他的头脑中有很清晰的定位。

那么这些人在哪里？正好在头条职场班。

所以傅一声只需要打入这样的鱼塘，和大家做朋友，建立专业上的认同和情感上的信任，便很容易成交。

（3）自建鱼塘

自建鱼塘在这里指自建微信群，并将其运营成高品质的微

信群。**群成员对自己高度信任，这个群的价值就非常高。** 建议大家建一到两个这样的群就可以了，因为运营微信群是需要花很多精力的。如何运营一个优质的社群，将在下一章中详细阐述。

开放式鱼塘

开放式鱼塘指的是客户相对分散的自媒体平台和手机应用程序平台。这些平台最大的特点是：即使客户没有关注，也能基于客户的兴趣和需求，向客户智能地推送他们感兴趣的内容。这种平台的客户流量极大，是最大的鱼塘。

2016年是自媒体井喷式发展的一年，产生了几十个自媒体平台；2017年，短视频爆发，进入全民自媒体时代。这些平台瓜分了绝大多数的网络流量。运营微信公众号的朋友感受最明显：自2016年起，微信公众号的流量大幅减少，公众号文章的打开率急速降低。为什么呢？因为客户的时间被其他自媒体平台抢走了。

这些自媒体平台的快速发展，得益于科技的进步。在大数据的智能推荐下，**越来越多具有相似背景、共同爱好、类似需求的客户聚集在一起，形成了鱼塘。**

既然是鱼塘，就有鱼塘式营销的用武之地。当很多人都成为"手机控"的时候，很多企业和个人却悄悄利用这些线上鱼塘做起生意，赚得盆满钵满。我们身边有位做服装生意的朋友，因线下门店生意不好干了，他干脆把几家门店全关了，只留郊区的一家工厂店，然后通过拍抖音、写头条电商文章卖货，销量竟然是往年的上百倍！

如何充分利用线上鱼塘呢？可以分为三个步骤：定鱼塘，广引流，流量池。

（1）定鱼塘

线上的流量虽然多，但是要想做精准客户引流与变现，就得找对鱼塘。

线上鱼塘分为两个层面：一个是平台层面，比如微博的人群与抖音的人群是不一样的，聚集的"鱼儿"自然也不一样；另一个是内容层面，比如微博上"杜子建"的内容互动人群主要为营销人员，且多为职场人士，而主播"指法芬芳张大仙"的内容互动人群则多为年轻的游戏爱好者，且学生居多。

从平台层面来看，不同的平台有不同的特点。无论投广告，还是收割客户，找对平台是前提。下面为大家介绍一下主流的自媒体平台的格局、特点与用户画像，帮助大家选择适合自己的企业与产品的平台。

A. 资讯门户：腾讯新闻、搜狐新闻、网易新闻、今日头条等。这些综合资讯平台的用户差别不太大，只是年龄层相差较大。而更加垂直细分的资讯门户的用户则会更加精准，如汽车之家、搜房网等。

B. 社交平台：微信、QQ、微博、知乎、飞聊等。QQ比微信的用户群体更年轻，QQ空间的用户也比微信朋友圈的用户更年轻化。知乎的用户群体总体文化水平较高，以大学生和文化水平较高的职场人士为主。

C. 综合视频平台：优酷、爱奇艺、搜狐、芒果TV等。这些平台的用户差别不大，主要以主推的视频内容来吸引用户。

D. 短视频平台：抖音、快手、微视、美拍等。这些平台出现的时间不长，主要聚集着爱玩、爱美的年轻人，以"90后"和"00后"为主体。

E. 视频直播平台：斗鱼、虎牙等以游戏为主的视频直播平台，以及新兴的西瓜视频、抖音、一直播等平台。这些平台主打好看、好听、好玩的视频直播。

F. 音乐平台：酷狗音乐的用户人群年龄较大，而网易云音乐则成为年轻人与小众音乐爱好者的聚集地。

G. 音频平台：喜马拉雅主要聚集着愿意为知识付费的年轻人，其他音频平台还有荔枝FM、蜻蜓FM，以及千聊、荔枝微课、得到等知识付费平台。

H. 电商平台：京东、当当、淘宝、拼多多、小红书等。小红书是近年来的后起之秀，25~35岁的女性用户约占总用户的63%，消费能力相对较强，用时髦的话来讲就是"容易被种草"。

从内容层面来看，自媒体平台会为创作者、观看者及传播内容打上"标签"，然后把某个标签的创作者所创作的同类标签的内容推送给喜欢这类标签的用户，从而达到精准推送的目的。

因此，想要找到目标客户，有三条路可选：给目标客户打上标签，然后找到该标签的作者，或找到该标签的内容，或自己成为该标签的创作者。

举个例子，假如你销售化妆品，那么你的标签就是"美妆"。如何找到目标客户所在的鱼塘呢？

第一条路，找到知名的美妆博主，聚焦这些账号下面的关注者和互动者。

第二条路，找到传播率较高的与美妆相关的内容，关注下面的评论者和点赞者。

第三条路，自己运营一个美妆账号，关注该账号的粉丝、点赞者和评论者。

（2）广引流

引流的方式有很多。分享好的内容，展现自己的价值是较好的方式，不过门槛相对较高，需要持续输出优质的内容，才有裂变的一天。如果三天打鱼，两天晒网，则很难见到效果。

如果没有能力和精力持续输出有价值的内容，还有一些巧办法可以用，比如在评论中与大家交流，顺势介绍自己的产品。

笔者傅一声有一位朋友，每次明星一更新动态，他就立即去评论，经常抢到"沙发"（指第一个发帖或评论），并且每次评论的话都是"某国代购××××××"（为了保护隐私，我们将微信号用"××××××"代替）。明星的"沙发"有着极大的浏览量，于是给这位朋友引流了不少潜在客户。这个方法看起来不怎么聪明，却很有用，也不需要自己绞尽脑汁去原创内容。

除了抢"沙发"，另一个好办法就是写精彩评论。可以是一针见血的金句，也可以是抖机灵的段子。现在的很多文章和视频，吸引网友的不是内容本身，而是精彩的评论，让人看完大呼过瘾！

（3）流量池

自媒体平台上的流量是开放式的，流动性大，稳定性差，风险更大。一旦平台出问题，或者自己被封号，所有积累的流量都会瞬间烟消云散！因此，需要引流到封闭式的鱼塘中去。比如添加个人微信号、向微信群中引流、关注微信公众号、成为会员等。前几年，大家都往微信公众号引流；近年来随着微信公众号流量的下滑，大家纷纷往社群或个人微信号引流。

这些封闭式鱼塘其实就相当于"流量池"，把各个平台的流量引流到这个池子里，像漏斗一样源源不断地将客户筛选进来。如何维护这些流量池里的潜在客户，以及如何成交，详见本书第五章和第六章。

康文捷是一位英语老师。短短1年时间里，他通过知识付费累积了20多万粉丝，拥有2万多位线上付费学员。康老师的知识付费营销策略就是发挥线上鱼塘的优势。

康老师发挥线上鱼塘的优势也是有流程的，具体如下：

第一步，定鱼塘。

康老师经过对各类互联网平台的研究和测试，最后从几个品类中选定了几个适合自己的产品的平台：图文类平台选择微信公众号，音频类平台选择喜马拉雅FM，短视频类平台选择抖音，电商类平台选择淘宝店。这些线上鱼塘中有大量的他的潜在精准客户。

第二步，广引流。

如何把这四个鱼塘中的精准客户引流到自己的鱼塘中呢？康老师主要用了三种方法：第一种是送课程，即通过有价值的课程把客户吸引过来；第二种是分享，即当大家觉得分享的内容对自己有用时，便会主动找上门来；第三种是送优惠券，这一招对正好有需求的客户很管用。

第三步，流量池。

康老师经过对产品属性和客户的了解，最后决定把微信群当作他的流量池。他把从各个平台引流而来的客户最后都导入微信群里。他对微信群的设置也颇有讲究，他设置了不同的门槛和层级，有免费群、低价收费群、正式上课群、VIP小群等。这样设置的原因就是为了筛选客户，有利于后续的成交转化。

　　康老师通过这一套线上鱼塘的营销策略，已经建立了25个微信群，引流来的精准客户达到5000多人，为他的售价1999元的课程带来了300多位付费学员。

03

HOW TO APPROACH

塘主
从塘主合作到自建鱼塘

流量如此稀缺，必须充分利用。

搞定塘主，才能搞定鱼儿。

自建鱼塘，掌握流量的主动权。

不同鱼塘的营销策略

在上一章，我们详细地阐述了四类鱼塘：流动型鱼塘、周期型鱼塘、稳定型鱼塘和线上鱼塘。每种鱼塘都有其独特性，不同鱼塘所适合的营销策略也不一样。

流动型鱼塘最适合做地推，周期型鱼塘最适合打入鱼塘，而稳定型鱼塘相比于其他鱼塘有一个特别之处——塘主比较明确，所以一定程度上来说，攻克稳定型鱼塘的关键就在于攻克塘主。

那么，流动型鱼塘和周期型鱼塘就没有塘主吗？也未必。

很多流动型鱼塘也有塘主。对于医院而言，医生就是塘主之一；对于某些园区而言，园区管理人员就是塘主之一。周期型鱼塘也可能有塘主，比如周期型课程的负责人和授课老师就是塘主。如果塘主愿意为你推荐，你的客户开发将如虎添翼。

案例：傅一声在商学院上课的故事

前段时间，笔者傅一声参加某商学院的EMBA课程。傅一声在学习之余，还想向企业家们推广普及一下高尔夫运动。

恰好本次课程的导师是高尔夫运动的铁杆粉丝，他和马云、柳传志等大佬组成的中国企业家高尔夫联队可是响当当的梦幻球队。

在上课前，傅一声碰到导师，便和导师做了自我介绍。课堂上，导师讲了不少自己打高尔夫的故事，并顺水推舟地把傅一声介绍给大家。

由于导师的课讲得十分精彩，赢得学员们的满堂喝彩，所以学员们对导师的话更加拜服和听从，不少企业家在茶歇与午饭时间纷纷跟傅一声互加微信和聊天，以咨询和了解高尔夫运动。

我们分析一下这个案例。EMBA课堂的导师是塘主，有塘主为傅一声做推荐，学员们则对他更有信任感。

我们在上一章还讲述了两类线上鱼塘：封闭式鱼塘和开放式鱼塘。与开放式鱼塘相比，封闭式鱼塘更需要与塘主合作，因为我们都有这样的体会：如果有人在自己的群里发广告，恨不得把他立刻移出群。

同样，在自媒体平台，如果你的评论能够被作者（塘主）重点推荐，你也能够获得更多的关注。

除了与塘主合作，还有一种策略是"自建鱼塘"，即让自己成为塘主。

　　如果大家能够清晰地意识到增加流量的巨大挑战，明白流量的稀缺性，就更加懂得要与塘主合作，或自建鱼塘了。

流量困局

抢流量就是抢市场，几乎所有行业都在为流量而焦虑。

很多老板以往主要依靠顾客到店咨询来增加人气，现在往大街上一走却发现，夸张点的说法是：竞争对手比顾客还多。更悲伤的是，老百姓越来越不爱上街买东西了。

从前的商品宣传主要依靠"一位代言人+一句广告语+电视广告"三板斧轮番轰炸的传统广告模式。只要舍得出钱，只要出得起钱，广告一做，麻雀变凤凰。可如今看电视的人太少了，即使商家出高价做广告，麻雀变凤凰的概率也越来越小。

前些年在朋友圈里做微商能赚得盆满钵满，但经过这么多年，越来越多的人想要逃离微信。微信就像一棵大树，若根部萎缩，树上的枝叶和果实就像"被扼住了命运的咽喉"，一损俱损。

与此同时，实业也不好做，以上的现实困难更加助推年轻人纷纷投身去做"整合资源"的流量生意。

于是，很多人惊呼："已经看不懂这个时代了。"

在不断的颠覆和被颠覆中，在真诚与套路的较量下，流量陷入了困局。

困局一：流量少

过去20年是互联网的黄金岁月，上网人数的增加、上网时间的增加、网络信息量的增加，构成了互联网的人口红利。

但是从2016年开始，互联网的人口红利逐步消失。

我们看个数据就明白了：2007年时，中国互联网网民数量一年能增长53%；10年后，2017年的增长率只有4%。

互联网的人口红利结束后会怎样？在快速增长期，"蛋糕"越做越大，大公司分大"蛋糕"，小公司分小"蛋糕"。可现在，"蛋糕"就这么大，那么大家只能抢。头部占据了大部分的资源和流量，其他人就只能喝西北风。

流量的大环境不容乐观就算了，小环境的竞争个体也在成倍增长。

各种平台与APP像雨后春笋一般破土而出，BAT等互联网巨头们纷纷布局各个板块，创业者们也不甘落后，都想做"风口上的猪"。

平台越来越多，不断瓜分仅有的流量。

以写作平台为例，过去人们一说写作，就想起了博客，而后来主要是微信公众号。

现在仅写作平台就有：头条号、百家号、新浪微博、新浪看点、一点号、搜狐号、凤凰号、网易号、趣头条、简书、大鱼号、领英专栏、豆瓣……毫不夸张地说，作者比读者还多。你说流量分散不分散？

困局二：流量贵

流量巨头们坐拥互联网的半壁江山，自然具有议价的资本。流量具有稀缺性，价格随之水涨船高，这是创业者不得不面临的现状。

各个平台的推广都在涨价，就连写手们写软文也在涨价，企业"买流量"与做传统广告相比，没多大差别。甚至还没开始推广，就得包个年VIP。至于后面服务如何，以及平台什么时候倒闭，都不确定。

个人自媒体的价格也不便宜，一篇软文从撰写到发布，每一步都得花钱，并且转化率极低。

流量贵到什么程度？下面举个例子。

以装修行业为例，大多数装修公司都希望突破身边人脉和老客户介绍的瓶颈，到互联网上引流订单。

网上接单的流程是这样的：装修平台会给咨询的业主介绍

三家装修公司，然后让这三家公司自己去竞争。

装修公司与平台合作，需要先交1万~3万元的质保金。平台每推荐一次，就收取几百元到几千元的费用。一旦签单，有的平台还以管理和监工为名收取费用。

此外，还有平台维护费、保险费、培训费等，套路多到数不过来。

大的装修公司在平台接单不图挣钱，全当做广告了。但是，小的装修公司连尝试的门槛都迈不进去。

困局三：流量假

流量不仅贵，还套路重重，陷阱重重。

企业掏了钱，信息却传播给不精准的客户，相当于钱打了水漂。网上存在各种机器刷单和人工刷单，企业看到的"爆款"并不一定是真的。

好流量如此宝贵，就需要你要么提升现有流量的利用率，要么扩大自己的流量领地。具体有两种方法，一种是与别人家的鱼塘合作，一种是自建鱼塘。

与塘主合作

与塘主合作，具体有以下几种途径和方法。

塘主推荐

最简单的合作方式就是塘主在自己的鱼塘里给你做广告和推荐。这种单一的方式也有局限性：一来成本很高，要么支付广告费，要么欠人情；二来效果很难保障；三来多半是一锤子买卖，塘主总不能天天给你做广告吧。

因此，很多企业还会用其他的方式互换资源，互相引流，谁也不欠谁的。

企业家协会

笔者曹大嘴曾经经营过一家企业培训公司，目标客户是企业家。这些企业家客户在哪儿呢？很多都在企业家协会。所以企业家协会就成为他的目标鱼塘。

在2008年至2010年中，大嘴老师先后加入企业家协会、青商会、青年企业家协会、中小企业家协会、民营企业家协会、梁溪区企业家协会等，其中与民营企业家协会的合作最深入。

有一次，民营企业家协会的秘书长接到了一项任务：每月组织一期企业家沙龙。大嘴老师主动帮秘书长承办了该沙龙活动的组织工作，并且担任主持人，帮秘书长解决了一个大难题，也由此建立起与秘书长的良好伙伴关系。

之后的几年中，该协会中的企业只要有培训需求，秘书长就会在第一时间推荐大嘴老师，为他带来非常多的业务。

通过上述案例，我们会发现，在与各协会（鱼塘）进行深度合作的时候，首先要考虑的是塘主的痛点。通常来说，会长和秘书长的痛点是不一样的：会长的痛点往往立足于自己的企业，而秘书长的痛点就是如何把该协会经营好。我们为他们解决了痛点，他们自然会帮我们解决我们的痛点，这也是"利他法则"的运用。

异业联盟

所谓"异业联盟"，指的是拥有同类客户的企业相互"结盟"，进行深度合作，互相引流。

异业联盟的合作方式有多种，包括联合做活动、互发体验券、到店领礼品、名单互换、朋友圈互推等。

适合异业联盟合作方式的企业有很多，如教育培训机构、医疗美容连锁店、家居建材、酒店餐饮、足浴养身、健身运动，以及各类会所等有固定场所的企业。

不过，很多企业想做异业联盟，却很少有做得非常成功的，到底是什么原因呢？

首先是没有为对方着想。

我们在给青少年高尔夫培训机构做辅导的期间，就有很多机构想过来合作，但拿过来的方案都是想从我们的机构里"钓鱼"的，如请我们代理招生的、到我们这里举办活动的、让我们代发体验券的，等等。这些合作形式虽然都有回报，但都不是我们想合作的，原因很简单，没有抓住我们的"痛点"。

教育培训机构的痛点首先是引流。如果对方能首先想到帮我们引流，我们才会愿意帮他们引流。将心比心，**异业联盟的成败关键在于你能为对方做什么！**

其次是没有设计好引流用的鱼饵。

前文我们谈到了设计鱼饵的重要性。如果在异业联盟活动中设计的用来引流的鱼饵不是目标客户想要的，或者价值太低无法满足客户的物质需求，让客户没有进店的兴趣，客户就不会形成购买。

再次是利润分配方案没有考虑到关键人。

应用异业联盟合作方式需要设计一个相互的利润分配方案，但很多企业忽视了帮他们推广和发放体验券的个人的利益，而是只把利润分给对方公司。那么，对方公司的销售员就不会愿意帮你去推广，因为对他个人没有任何好处，他还担心他的客户会因此产生不愉快的消费体验。

那么，如何做好异业联盟呢？我们就以青少年高尔夫培训机构的辅导项目为例，来解释一个成功的异业联盟项目该怎么运作。

做好联盟画像

首先要知道跟谁合作。很多企业会选择跟自己比较熟悉的企业伙伴合作，却缺乏了精准性。即便合作起来了，效果也不好，完全在浪费时间。

联盟的对象至少要符合三个条件：区域一致性、客户一致性、产品差异化。

区域一致性是指两家企业之间的距离不能太远，否则客户会因为离常活动的范围太远而不愿意走进新的门店。这里推荐以周边3000米作为选择合作对象的最佳区域范围。

客户一致性包括两个方面：第一个是客户的匹配度要高，第二个是已有客户数量保持一致。如果对方机构只有50个学员，而我们的老学员已经有200个了，那就不适合去联盟。

产品差异化显而易见就是大家销售的产品不一样，否则容易产生内部竞争。

拿青少年高尔夫培训机构来说，我们首先是在周边3000米范围内进行信息采集。我们一共采集了28家教育培训机构的详细信息，并跟校长们都交换了联系方式。

然后我们给这些机构做了个评分表（见下表），其中距离是放首位的。根据综合得分，分数靠前的就是我们要全力合作的异业联盟对象。

青少年高尔夫培训机构异业联盟合作评分表

距 离	500米	4分	成立时间	10年以上	4分
	500米~1千米	3分		5~10年	3分
	1~2千米	2分		3~5年	2分
	2~3千米	1分		1~3年	1分
	3千米以上	0分		1年以内	0分
人均收费（按课时）	大于200元	3分	学员人数	满300人	3分
	150~200元	2分		满200人	2分
	100~150元	1分		满100人	1分
	低于100元	0分		少于100人	0分
学员年龄	1~3年级	3分	学科内容	数语外等基本学科	3分
	1~6年级	2分		艺术类	2分
	大班到初中	1分		脑力	2分
	小班起	0分		体育类	-3分

机构面积	500平方米以上	3分	客户档次	高端	3分
	300~500平方米	2分		综合	2分
	100~300平方米	1分		中等	0分
	100平方米以下	0分		低端	-1分

根据测评结果对合作机构进行分类：

20分及以上的为A类合作机构；

15~19分的为B类合作机构；

10~14分的为C类合作机构；

9分及以下的为D类合作机构。

合作执行

异业联盟的合作方式有很多，既可以是公司层面的合作，也可以跟个人合作，比如与优秀的销售员、培训教师、业务经理等合作。

其中，与公司合作有下面几种合作方式：

第一种，相互发体验券。

这是比较简单和便捷的方法，即印制一些体验券和宣传单，放在合作方的收银台或前台，让感兴趣的客户自己领取。

要想让该方式的效果好一些，还需制作一个宣传展架，放在合作方的公共区域，并告知客户体验券的价值，同时提醒客户去前台领取。这个方法虽然简单，但只要展架上的文案能吸引客户，就能起到不错的引流效果，而且真正愿意去前台领券的客户基本都是潜在的精准客户。

第二种，到店领礼品，并有金钱奖励。

这个方法是异业联盟技巧中最强力推荐的，并且实践证明也是最有效的。根据实践经验，我们总结出如下具体操作流程。

第一步，购买礼品。

针对客户的需求，购买能解决精准目标客户某一小痛点或与季节、年龄相符的礼品。比如健身房为了吸引客户来健身，可以赠送水杯。

这就是"买客户思维"。我们需要用有价值的礼品吸引客户到店。只要来的人多了，成交率就会提高，买礼品的费用就赚回来了，而且留下来的客户还能把产品转介绍给朋友。

第二步，制作活动宣传资料。

如果是教育培育机构，就可以在各自休息区的桌子上放宣传资料，并在收银台或前台旁放一张海报，让家长随时都能看到。

第三步，制定奖励政策。

只要有客户通过对方机构引流到店，就可以给对方奖励每人5~10元；如果成交了，则再奖励每人200~500元。这些客户消费要做好记录并每月按时结算。我们建议要把到店奖励发给对方的服务人员，而把成交奖励发给对方公司。

第四步，设计门槛。

我们需要让客户做一些事情才能领取福利，比如分享至朋友圈、报满多少钱的课程才能取得奖励资格、砸金蛋、抽奖、续费等。不过，客户需到发奖机构领取，这样将大大提高客户的上门率。

第三种，参与彼此的各种活动。

合作双方可以举办体验课、学员结业典礼、亲子运动会、客户答谢会、年会等活动。一方做活动的时候植入另一方的课程宣传，配上课程说明并发放体验券，或直接推广报课优惠。

第四种，老学员福利。

对于一方的老学员，另一方可以通过赠送几节免费课程把学员拉过去体验，从而促进成交。

第五种，联合招生。

合作双方可以同步开班，联合招生。如果一方是钢琴班招生，那么同时报名另一方的高尔夫课的话，可以一起打八折。

联合招生比较适合区别较大的异业联盟，而且目标客户完全一致。比如一个是艺术类的培训学校，一个是体育类的培训学校，就可以针对相同的人群联合招生。

第六种，代理招生。

这种合作方式适合用返利作为奖励。比如某舞蹈培训班帮我们在他们的老学员中推广，只要报名成功，我们就返利300元。

企业和企业之间可以通过互做活动来引流，那么销售员个人与其他销售员之间该如何异业合作呢？以前没有微信的时候或许比较难，现在有了微信，有了朋友圈，一切就变得简单了。这里有个技巧叫"朋友圈互推"，具体流程如下：

第一步，锁定互推对象。

首先要对你的互推对象做一个精准"画像"，必须符合以下三点要求：

第一，客户一致性。

首先，你们的目标客户是基本一致的；其次，你们所在的城市区域也是基本一致的。

第二，产品差异化。

你们所销售的产品不一样，这样不会产生竞争。如果有少量重叠也没关系，只要主营产品不同就可以。

第三，资源平等性。

首先，这个互推对象的入行时间要相对久一点，比如你入行10年，那么对方至少也得5年左右；其次，对方的业务能力要比较强，手头的客户资源要比较多，比如他可以是某企业的销售冠军或某企业的老板。

第二步，先帮对方推广。

你可以向对方索取他的微信二维码、个人介绍和产品介绍，然后把这些资料整理成简单的文字和图片，发布在自己的朋友圈和相关的微信群内。

这个步骤比较关键，你必须想方设法让对方能够加到更多的精准客户，所以你必须把文字编辑得不像广告，即不能直接放对方的电话和店址，也不能过度宣传对方的产品。然后就是挑选合适的时间发布，比如早上八点、中午十二点、下午三四点和晚上八九点，这四个时间段通常是目标客户比较空闲和有可能会看朋友圈的时候。在微信群发布消息，也要选择行业大群，能让更多的精准客户看到，且发布的时候可以配合发红包。

总之要尽量让你的推广更有效，让更多的精准客户加对方为微信好友，他才愿意以同样的方式来回报你。

第三步，让对方帮你推广。

你需要将自己的推广文字、二维码及产品图片编辑好再发给对方，请他帮你推广。因为他已经从你身上获益了，所以他会很愿意帮你做推广。

案例：大嘴老师的讲师互推

2018年11月，笔者曹大嘴找了几位同行做朋友圈互推的实验，效果非常好。大家都知道，大嘴老师是主讲销售技巧的培训师，目标客户为培训机构（渠道）和企业客户（直客）。根据自己的具体情况（从业14年，年授课量约180天），大嘴老师对互推对象进行了"画像"：

首先，对方得是资深职业讲师（至少从业8年以上，年授课量100天以上）。

其次，对方的客户范围也应该是江浙沪地区（因为大嘴老师的客户范围就是"包邮区"）。

再者，对方不能是讲销售类课程的，否则将与大嘴老师的课程产生冲突。

大嘴老师由此选择了几位主讲生产管理、礼仪及人力资源类课程的资深老师，其中有一位主讲生产管理的杨老师最符合大嘴老师的互推"画像"。与之沟通后，对方欣然同意合作。

大嘴老师首先给对方写了一个推广文案，并配上对方的宣传照和二维码，然后在合适的时间发布到大嘴老师的朋友圈和几个相关的培训行业大群内。当天就有15位培训机构的负责人和企业负责人主动加了杨老师的微信，而且已经有机构开始和他洽谈合作了。

过了一周后，杨老师根据大嘴老师提供的素材也做了类似

曹大嘴 | 营销培训师 最幽默的
给大家推荐一位非常优秀的老
师，从日企出来的资深生产管理
培训师： 。我曾去现场听过
他的课，是我见过管理工具最多
的一位老师，课程落地，实战接
地气，还能做咨询，主讲《现场
6S管理》、《目视化管理》等等，
机构、经纪需要的话可以自己扫
二维码。

2018年11月20日 11:42 删除

2018年11月20日 晚上21:20
今天一天的效果怎么样？

2018年11月20日 晚上21:32
👍👍👍曹老师影响力很牛

加了多少了？

有十五位加了我的微信👆

哈哈哈

应该大部分都是"精准客户"

我在想如何在推广曹
老师时，做的效果也精准一
些

好，目标群体接近，这样效
果是最佳的😊

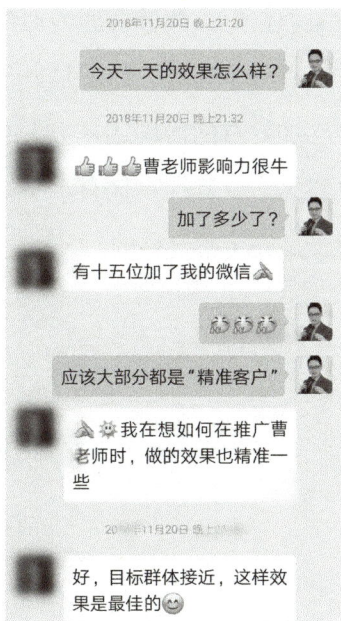

微信互推截图

的推广。推广当天，大嘴老师得到了13位精准客户。

　　然后大嘴老师又找了其他几位老师合作。短短一个月的时间，大嘴老师就增加了近百位精准行业客户，而且质量都非常好，很多都已经陆续展开了业务合作。

　　在几场公开课中，大嘴老师让学员彼此做了互推。有一次上课的时候，一位学员最多一节课加了23位精准客户，而且已经有客户开始讨价还价并准备成交了。

　　以上案例是大嘴老师自己真实体验和亲身经历的，互推的效果非常好，能够快速增加精准客户。通过微信互推加到的好友还有一个特点，那就是具备主动性。客户主动加你为好友和被动加好友的区别还是很大的。客户主动加你首先表示对方有真实需求，其次是他有求于你，而不是你有求于他，这种心理感受是完全不一样的。

自建鱼塘，打造IP

由于流量少、流量贵、流量假，企业长期依赖购买流量将会陷入越来越艰难的被动局面。企业只有把流量握在自己手里，才能够掌握主动权。

分众传媒创始人江南春曾说过这样一段话："流量占据通路，品牌占据人心。补贴和品牌可以两手抓，补贴和流量相当于促销，而品牌才是真正的护城河。"

这段话值得企业家深思。花钱买流量不仅成本高，并且如果没有品牌溢价，只能通过促销、降价等方式来转化，就会缺乏发展空间。

所以本书特别强调的是：IP即流量。IP是最稳定的流量池。

本书之所以用"IP"这个词，而不用"品牌"这个词，就是希望大家能够把思维扩宽。过去，提起品牌，大家最容易想到的是某个公司或某个产品。如今提IP，我们要突破思维定势，因为公司、产品、创始人和每个销售员都可以成为IP。一旦成功打造IP，就能挖出一口流量之井。虽不能和BAT等"汪洋大海"相比，但也是"为有源头活水来"。并且，对于中小企业或个人而言，相比于传统的花重金做广告，打造IP的金钱成本并不高，而更多的成本是时间、精力和创新。

打造自己的IP，就是自建鱼塘。

自建鱼塘有以下五个优势：

第一，试错成本小。

在互联网领域取得的成功有一定的运气成分，常常"有心栽花花不开，无心插柳柳成荫"。企业需要试错，员工需要探索。这个试错和探索的过程如果依赖花钱购买流量，不仅成本过高，还容易走错方向。

第二，掌握数据。

在如今这个大数据时代，基于大量的真实数据可以挖掘出客户真正的痛点，直面最真实的市场反馈，对企业的决策和发展起到至关重要的作用。

第三，获得关注。

关注就是注意力经济；谁能获得关注，谁就能引爆商机。

第四，粉丝经济。

无论企业、产品，还是个人，大胆地展示自己就可能收获忠实的客户与粉丝。这不仅能够刺激重复消费，让粉丝变为"钢丝"，还能促使他们主动帮助推广，这比做多少广告都有用。

第五，提升影响力。

当IP具备一定的影响力，做任何事情都会赢在起跑线上。有影响力之后，无论做什么，都容易得多！

如何让IP为人所认同，如何用较低的成本建造自己的流量池，从而完成变现，下面将从圈层、企业家IP、社群鱼塘和自媒体鱼塘几个方面进行解答。

圈层

圈层指某一类具有相似的经济条件、生活形态和艺术品位的人，在相互联系中形成的小圈子。搭建线下圈层并不是一门新生意，甚至可以说是很传统的营销方法。

传统的协会、俱乐部、商会、校友会等，都是人们源于共同的爱好或纽带而聚集。人们自带关联聚集在一起形成的人脉圈层非常强大。

豪哥（化名）是国内某高校毕业生，手上资源非常多，人缘也好，便自发组织该城市的校友们成立校友会。通过深耕细作，把情感与利益平衡得很好，利用校友会进行资源整合，生意做得风生水起。

这些强关联纽带往往有一定的壁垒，比如商会和行业协会都要求组织者自身具备一定的财力和人脉等条件。

在新时代，当然也有新玩法。

年轻人以兴趣、爱好、社交、目标等为纽带，也能自建圈层，如因共同爱好而组建的跑步团、轮滑俱乐部、户外俱乐部、骑行团，因地域属性而组建的广场舞团、相亲角、牌友圈，因共同的目标而组建的早起团、读书团，等等。没有做不到，只有想不到！

笔者曾在上海参加过几个跑步团，发现做得好的跑步团组织架构清晰、商业模式完整，团员玩得开心，组织者赚得轻松。

〜〜〜〜〜 案例：众筹咖啡书店公益讲座 〜〜〜〜〜

2016年，我们组织了一个公益讲座系列。当时无锡的著名旅游景点南长街有一家众筹咖啡书店，是无锡首家靠众筹开起来的线下聚会场所。我们跟主办方达成协议，每周二晚上到咖啡书店开一个公益的营销讲座，并持续整整一年。

公益讲座干货满满，场场爆满。我们坚持分享了一年，共建了40多个微信群，成功引流了近2000位热爱学习的学员。

由于这些学员对老师的信任度比较高，后来我们植入了两个变现动作。第一个是大嘴老师和傅一声的线上音频课推广，结果有300多人付费学习。第二个是成功地推广了大嘴老师的《林妹妹升职记》的新书签售会。签售会当天，咖啡书店门口被挤得水泄不通，电视台也赶来做专访，当天现场带去的500多本书不到1小时就被粉丝们抢光了。据统计，仅靠这里粉丝学员的带动，前后就卖了1万多本书，还有很多企业团购。

企业家IP

就在笔者正在写本章节时，笔者的朋友圈被樊登的《可复制的领导力》公开课的海报刷屏。

要知道，这一天可是娱乐圈非常热闹的一天。一大早就传来重磅级消息"宋仲基与宋慧乔离婚"。这个爆炸级消息在热搜的宝座上还没坐稳，立马又出来"范冰冰与李晨分手"，"张若钧与唐艺昕结婚"，"《中国有嘻哈》选手Jony J官宣"等消息。

这么多娱乐圈大事，依然掩盖不住樊登老师的知识付费公开课海报。樊登之于樊登读书会，就是一个非常重要和极其成功的企业家IP。

IP这个词在这几年很火，英文是Intellectual Property，原指知识产权，现在较为流行的说法指的是漫画、电影、话剧、游戏、文学作品等的知识产权。IP这个词在2014年兴起于影视行业，伴随着互联网传播的发展，IP越来越玩出了新花样。

把企业家、个人、IP三个词组合在一起，就形成了"企业家IP"。

企业家IP是一种新的IP经济模式——将企业家个人打造成

一个具有价值表述的知识产权。人们对企业家个人的喜爱，或者对企业家相关话题的关注，将影响人们对其公司或产品的关注。从这个角度来看，企业家IP本身也是一个鱼塘。

雷军之于小米，董明珠之于格力，樊登之于樊登读书会，罗振宇之于逻辑思维，都是成功运用了企业家IP为自家产品广泛宣传的成功案例，其作用和影响力是聘请形象代言人所无法比拟的。

越来越多的企业意识到企业家IP对产品推广的重要性，企业家们纷纷出来为企业站台。

不过大多数的小企业主，无论在资源还是实力上，都很难与雷军、董明珠一样的明星人物相比。对于普通的创业者来说，打造企业家IP，不是把企业家打造成明星人物，而是通过企业家价值的IP化，更好地为企业发展和产品推广而服务。

具体怎么做呢？可以遵循下面这四个步骤。

第一步：企业家IP方向定位。

企业家首先要想好自己在哪些方面可以着重向公众展示。这些方面一定要与自己的企业价值观或产品特性有关。

比如：做科技产品的企业家，可以突出自己的技术发烧友身份；做皮肤管理的企业家，可以在护肤上打造专家形象；做健身领域的企业家，可以把自己作为模特来展示。

第二步：策划内容展示。

为了突出企业家的独特魅力，需要输出哪些内容是整个团队要一起策划和思考的。内容展示可不是随性而发的，而是经过严格设计的，并且最好是系列化的内容展示。在这方面，我们应当学习经纪公司包装明星的态度。

第三步：确定传播路径。

企业家想要立住自己的IP，可以采用线上结合线下的双重传播路径。

在线下，可以多出席各类活动，多做分享，不断积累人脉与粉丝。在线上，可以在各大网络或媒体平台建立个人词条，如百度百科、搜狐百科等，并要注意内容的更新和维护。另一方面，要通过新媒体平台不断输出内容或资讯，来得到尽量多的曝光。企业家既可以在全网各个平台建立自己的新媒体矩阵，也可以深耕一个平台，成为该平台的头部IP。

第四步：制造独特记忆点。

即使企业家进行了铺天盖地的宣传与曝光，如果没有独特的记忆点，最后在信息的洪流中也无法留下痕迹。因此，一定要创造记忆点。这个记忆点可以是一个"人设"，一句口号，一个专利，也可以是一部影视作品或一本书等。独特的记忆点一旦在人们的脑海中扎根，那么以后的每一次曝光，都将是一次加分。

案例：阿聪选酒

我们有一位客户叫杭幸聪，他每年会深入探索一个世界知名的葡萄酒产区，用专业的知识来精挑细选原产地的葡萄酒，采购全程透明。他把世界各地风格迥异的葡萄酒与人们分享，同时还拍摄了旅行纪录片《跟着阿聪去选酒》，让更多人了解葡萄酒的魅力和沿途的故事。

由此，他成功地打造了"阿聪选酒"这个企业家IP。他是如何做到的呢？

第一步：企业家IP方向定位。

阿聪是一位企业家，更是一位葡萄酒爱好者。他有16年钻研葡萄酒领域和品鉴20000款葡萄酒的经验。为了打造企业家IP，他将自己的称呼从"杭总"改为"阿聪"，致力于打造"阿聪选酒"的IP。

第二步，策划内容展示。

如何让"阿聪选酒"这个IP深入人心呢？2016年，阿聪自掏腰包拍摄以葡萄酒为主题的旅行纪录片《跟着阿聪去选酒》。他通过旅行纪录片的形式，带领大家在体验美酒、美食、美景的同时，更深刻地体会到葡萄酒给人带来的愉悦感；在路上，他将不同地区的人文历史、风土人情等通过纪录片的形式呈现给大家。

2019年，阿聪又继续筹划了《跟着阿聪去选酒——波尔多之旅》，继续展示如何挑选葡萄酒、品鉴葡萄酒，以及感受葡萄酒的文化和魅力。

第三步，确定传播路径。

第一季的《跟着阿聪去选酒》在互联网上获得广泛关注。2017年，当阿聪还带着摄像组奔波在采风的路上时，《扬子晚报》《江南晚报》《无锡日报》等各大媒体纷纷报道这位"80后企业家自掏腰包拍摄葡萄酒纪录片"的事迹。

2019年年初，第二季的《跟着阿聪去选酒》首先发起众筹，在朋友和粉丝中筹措资金，用于纪录片的拍摄与后期制作。接着，该纪录片在优酷、腾讯、爱奇艺、搜狐、百度、土豆等视频网站上相继播出，并寻求和几大卫视的合作机会。

第四步，制造独特记忆点。

随着阿聪的纪录片的传播，大家对于"阿聪选酒"的记忆越来越深刻。同时，阿聪自创的"阿聪葡萄酒评分"也教会很多人如何去挑选葡萄酒。这一切既有技术的记忆点，又有故事的记忆点，让"阿聪选酒"这个IP深入人心。

社群鱼塘

这几年，社群营销火了，社群经济被很多人视为流量变现的救命稻草。人人都希望把潜在客户圈进自己的社群并产生转化；人人都希望把已有客户放进社群，增加客户黏性，促进重复消费与转介绍。

社群的门槛看似很低，似乎有个微信号，有一些微信好友就能建群。事实上，门槛越低的模式，想要做好就越难。90%的群不出三个月就变成了广告群、灌水群，或者没有任何人说话的死群。

做好社群并不容易，"秋叶PPT"创始人秋叶在《社群营销实战手册》中直言：**"很多人只是建了个群，并没有建立社群。99%的社群都是伪社群**，都会在找到回报机制前就衰败消亡，研究如何能在这里面成为1%才是我们真正要做的事情。"

先做好产品，打磨好内容，然后找到自己产品的精准客户，做成一个社群或复制多个社群。接着把社群里的成员服务好，维护好，继而变现。

我们不鼓励所有人都来做社群，因为不是所有产品都适合做社群。社群成立的前提是大家有共同的关联，这个关联可以是基于某个产品、某种生活方式、某种情感、某个地域、某个核心人物、某项行为等。以这个关联为名，大家能够在社群中得到情感满足或利益满足，这个社群才能持续，否则只能是昙花一现。

因此，只有具备一定的复杂性和开发性的产品才适合组建社群。例如高尔夫运动，有足够的难度，有深厚的内涵和社交属性，便具备组建社群的基础。而俯卧撑玩法相对单一，容易让人失去新鲜感，便很难组建社群。再比如，生产电冰箱、洗衣机的企业很难组建社群，而生产烤箱的企业就适合组建社群，因为做甜点、蛋糕具备一定的复杂性和开发性。

如果自己的产品不适合做社群就没有必要强求，不如进入别人的社群，结交别人的鱼塘的塘主，在别人的社群中结交朋友，适时推销自己的产品。

六步构建成功社群

第一步：定位

一个社群必须要有一个大家共同认可的价值观，这样的社群才能长远。这个价值观可以来自创始人，也可以来自某一产品的理念。如果企业没有办法精准定位自己的社群，要么是自己还没想明白，要么是自己的产品根本就不适合做社群。

社群的价值观确定以后，要给社群起一个名字，想一句社群口号，并设计有特点的标志或头像。这些就像社群的名片一样，要让人一眼就看懂，一看就记住。

第二步：定规则

社群的规则根据时间先后可以概括为：准入规则、运营规则和后续规则。

准入规则就是社群的进入门槛。想要做优质社群，必须设置门槛。门槛越低，社群越显得没有价值，进入的人反而越难管理。

社群门槛有这么几种：

（1）邀请推荐制：必须由群主或特定人群邀请和推荐才能加入社群。

（2）任务制：完成某些任务才可以进入（人们往往付出了才会珍惜）。

（3）付费制：这是一个很好的筛选门槛，因为真爱都是舍得花钱的。另外，付费也在一定程度上筛选了加入者的消费水平。

（4）申请制：要求想进入的成员必须按照要求写申请，从而可以挑选出真正有心、有意愿、有能力的成员。

（5）观察考核制：首先让加入者进预备社群，然后通过一段时间的观察或考核，决定哪些人可以正式进入社群。

社群门槛的设计非常重要。准入规则设定得好，就能够筛选出正确的人进入社群，为后面的一系列动作奠定基础；若一开始就吸引不到合适的人，即使付出再多的努力，往往也会竹篮打水一场空。

运营规则是指运营中要充分利用群公告和群管理员等功能。

好的社群，一定规则明确，使命必达，说到做到。我们都有这样的体验：一些人进社群后不遵守规则，常常在群里发广告或私加大量好友。对于这些人，一开始就应该让他们知道这个群的规则，要把丑话说在前头。

最好在成员加入之前就一对一进行沟通，若工作量太大，至少要做到让大家进群后立即了解群公告，明确本群的规则。

若社群有后续规则，需要由专门的运营人员进行跟进。社群运营是一个很细致、很烦琐的工作，每一次沟通都是与客户的对话机会。做得好，有可能产生转化机会；做得不好，甚至会产生负面影响。

第三步：推广

如何吸引更多目标成员加入社群呢？就需要主动做推广，具体有以下几种方法。

第一种，自己宣传。自己团队的小伙伴发挥身边资源进行推广。

第二种，请朋友推荐。尤其要请大咖朋友或塘主式朋友帮忙宣传。如果已经是成立多期的社群，可以发动前几期的社群伙伴帮忙宣传，以产生裂变的效果。

第三种，地推。这个方式是很多人忽略的，大家误以为线上社群只能通过线上渠道进行推广，其实线下也是可以的。在目标人群聚集的流动型鱼塘里向大家介绍自己的社群也可以吸纳目标人群的加入。

第四种，绑定。将自己的社群和某类有价商品或服务绑定，以达到商品或服务为社群引流的目的。

第六种，赠送。作为增值服务进行赠送。

第七种，广告。通过各类广告渠道进行宣传，但是往往成本较高。

第四步：运营

好的社群必须要有好的运营人员。好的运营人员从哪里得来？要么花高价挖来专业的运营人才，要么自己培养。不舍得花钱，又不给运营人员足够多的成长时间，这样的企业是做不好社群的。

至于运营过程中的活动设计，要根据社群的具体情况而策划。把别的社群的运营方法放到自己的社群里未必适用，因为产品变了，对象变了，方法自然也要变。

第五步：变现

社群的变现模式有两种，一种是对内，一种是对外。

社群的对内变现就是让群成员创造利润，完成转化；对外变现指的是不赚群成员的钱，而和群成员一起创造合作的机会，去赚社群外其他人的钱。

对内变现模式有产品购买、发展会员、服务升级等；对外变现模式有承接广告、发起众筹、抱团合作等。

第六步：复制

社群应该做大还是做多呢？由于每个平台可以容纳的成员是有限的，我们建议要控制社群的体量，不要太大。当社群的各项模式完善以后，可以复制社群，即在合适的时机下不断建新群，让自己的社群规模不断壮大。

一定要注意的是，想要扩大社群和不断复制的前提条件是：要积累足够多的社群运营人员，以及保持良好的口碑。

案例：知识型IP大本营

知识型IP大本营（以下简称IP大本营）是由著名知识付费专家秋叶创立的微信社群，是社群中的行业标杆。从2016年开始，半年为期，截至目前已经开到第8期。社群中藏龙卧虎，既有很多行业大咖，也孵化出不少知识IP新秀，在知识付费领域影响力非常大。我们用构建社群的六步法来分析一下IP大本营。

1. 定位

IP大本营致力于打造国内最有活力的知识型IP社群，旨在帮助社群内的知识型IP们找到自己的知识变现模式。每一期社群都会帮助大家在自己的领域成为小有成就的知识型IP。

2. 定规则

IP大本营有三个门槛。第一个是邀请推荐制，新学员必须由老学员推荐才能加入；第二个是申请制，申请加入的学员要写一段自荐理由，通过筛选才能进入；第三个是付费制，即付3000元学习半年，但不承诺任何具体结果。

通过这三个门槛基本可以筛选出志同道合的人进入社群。加入的人需要知道"这里不只提供培训，更提供氛围，让你获得赋能"，这里不只提供连接，更是共建社群，大家共同成长。

IP大本营还有"四不原则"的群规：不外传，未经分享者许可，不得随意截屏或分享群内文档；不惹事，敏感时政和宗教言论不能碰；不求推，不要随便在群里推课或推公号文章求转发，发红包也不行；不吵架，不能在社群里吵架。

3. 推广

IP大本营的创始人秋叶自带流量。他的第一批成员多是身边朋友或铁杆粉丝。而自从第一期开营以后，因口碑极好，下一期还没有开始招生，名额就早早预约过半，加上很多小伙伴在IP大本营中获得实实在在的成长和蜕变，纷纷介绍身边的小伙伴加入。所以，口碑好才是最好的推广。

4. 运营

IP大本营的运营有温度，有创新；既有传统的玩法，又有很多创新的玩法。例如每日一问、大咖会诊、社群春晚等活动极大地提高了社群的黏性和满意度，成为各大社群争相学习的典范。

5. 变现

IP大本营本身是付费社群，使运营初始就具备一定的专项资金。同时，社群运营团队也会根据当前的市场风口及群成员的需求适时推出其他的训练营活动。由于需求的匹配性，以及已经建立的信任感和情感，使社群转化率非常高。

IP大本营背后的"秋叶PPT"有不少高质量的在线教育课程，群成员能在第一时间获得购买优惠，在一定程度上为内部变现提供便利。

另外，群成员还会一起抱团入驻各个知识付费平台、集合出书、互相赋能等，创造了非常可观的外部变现。

6. 复制

IP大本营滚动开班，还在原先的基础上衍生出了潜能训练营、头条爆款写作训练营、头条电商训练营、社群运营官特训营、秋叶私房课等，在横向和纵向上不断扩大社群规模及影响力。

案例：DISC双证班社群

DISC双证班社群是近年来非常有影响力的社群之一，该社群的黏性非常高，学员之间的感情很深厚，被外界称为"丧心病狂"的社群。笔者傅一声就是DISC双证班社群的联合创始人之一。

1. 定位

DISC双证班是由李海峰、任博老师联合主讲，以DISC行为风格测评工具为核心的版权认证课程，学员参加两天的线下培训，考核合格后可获得《知己知彼的DISC沟通技术》的讲师证和《知人善用的DISC顾问技术》的顾问证，毕业生（DISC双证班的学员都自称毕业生）可以讲授相关课程，并可独立开展基于DISC的咨询顾问项目。

最开始，DISC双证班的定位就是"上课+拿证"，所以参与学员多为职业讲师或企业内训师。后来，意外发现学员之间、老师和学员之间通过连接创造了更多的可能性，上课反而不是重点，于是DISC双证班社群应运而生。DISC双证班的定位从知识培训逐步过渡到社群的价值。

2. 定规则

DISC双证班社群设置的门槛是付费，而且费用不低。现在原价是10800元，如果有毕业生推荐，则可减免2000元。大多数毕业生都是自费参加。仅付费这一道门槛，就可以筛选出社群成员是否具有相当强烈的学习意愿，并且是否具备一定的经济基础。加上大多数毕业生都是靠老学员转介绍来的，对社群有一定的提前了解和信任基础，这些都对社群的启动有一定的帮助。

DISC双证班社群的成员总体来说比较高端，有很多大咖参加。DISC双证班社群有个很有意思的规矩——"没有要求，只有邀请"。无论导师还是老学员，社群会邀请大家做一些任务或事情，但并不要求对方一定要做得怎么样，因为"与其管理付出，不如激发投入"。

DISC双证班社群强调利他精神，没有固定的要求，但是每个人的一言一行，大家都看在眼里。就拿令很多社群头疼的"群员发广告"问题来说吧，群员可以在DISC双证班社群里发广告，但发广告的人必须先发200元红包，这就是一个特别有智慧的群规。

3. 推广

DISC双证班社群之所以被称为"丧心病狂"的社群，主要就是因为这个社群的黏性和温度极高。开班4年以来，4000多位学员几乎都依靠老学员推荐而进群，而且推荐成功没有返利，没有任何回报。大家因为在这个社群中得到成长，开发出更多的潜力和可能性，才自愿为这个社群免费宣传。

当然，为了让更多人了解DISC双证班，社群也会举办一些引流活动，如一日商学院、线上商学院、平台分享、大咖推荐等，让更多人用更低的成本来近距离地了解这个社群。

4. 运营

DISC双证班社群背后没有公司运作，也没有一个全职运营人员，全部依靠毕业生自发组成运营团队。团队设有班主任、助推团长、助推等岗位，他们承担每次开班的主要工作。

从前期的策划设计、上课服务、组织协调，到后续的服务等，全部依靠这个核心团队和其他毕业生帮忙完成。参与运营的小伙伴没有任何回报，他们在这个过程中秉承的思维是"让自己得到更多的成长，而不是索取任何回报"。笔者傅一声在担任完第55期DISC双证班课程的助推之后就坦言："我做得不够好，下次一定要改善。助推这个岗位不是助推他人，更多的是助推自己！"

DISC双证班社群的运营还有一个很大的亮点，就是高强度的输出。已经持续了1600多天的线上翻转课堂就是一个例子，每次课程结束之后，学员都需要写文章进行输出。近期DISC双证班社群的小伙伴们又开始入驻微博，在微博上引起巨大反响。

5. 变现

DISC双证班社群虽是付费社群，但对内部成员更多的是"送"。DISC双证班社群最大的变现方式是大家连接起来到外部去变现。有的人通过学习DISC双证班课程，打开了自己的培训师道路，客单量剧增；有的人学完以后，给别人做咨询辅导，立马赚回学费；还有更多的人应用该课程的智慧在自己的工作和生活中都受益匪浅。

6. 复制

DISC双证班截至本书撰写时，已经将线下课堂开班88期，地点也从北上广等一线城市逐步走向西安、福州、贵州等城市。此外，基于DISC双证班社群，也衍生出了其他线上或线下的社群与课程。

自媒体鱼塘

在移动互联网时代，"人人都是自媒体"。只要你足够有特色，足够有价值，就可以在自媒体平台上一夜爆红，甚至享受明星般的待遇。

当年微信公众号打出的口号"再小的个体，也有自己的品牌"很好地诠释了"人人为自己发声，人人皆可成为品牌"的理念。

不过，随着微信公众号流量的不断下滑，更多的流量被今日头条、抖音等平台蚕食。每个人一天的时间总是有限的，不是花在这个平台，就是花在那个平台，所以大家都在抢客户。

因此，除非拥有极大的能量和资本，否则我们不建议自己去建平台。**与其自己建平台，不如在有大流量的平台上深耕，圈出自己的一亩三分地，打造自己的自媒体IP。**

但是，自媒体平台这么多，我们应该选择哪个平台呢？人的精力与时间是有限的，怎样能保证输出量呢？

其实，所有自媒体平台的原理都是一样的，能够玩转好一个平台，那么你在其他任何一个平台上都能快速上手并做出成绩。这是一项通用能力，只要掌握了，就能抓住风口。

在瞬息万变的平台竞争中，没有哪个平台能够一直"笑傲江湖"，下一秒谁出局，谁还留在牌桌上，谁都说不准。所以我们的建议是：**多平台运作，哪里流量大就去哪里；单平台重点突破，深耕头部资源。**

目前最大的自媒体平台是"两微一抖"，即微信、微博、抖音。不过，随着5G时代的来临，直播将会成为另一个流量高地，大家不得不重视起来。

一旦掌握了平台运营的思维和"网感"，就可以随时切换平台，赶在风口期快速崛起。如何在自媒体平台上成功打造IP呢？从操作角度来说，其实自己亲自注册个账号，把所有功能和按钮尝试一遍也就会了。关键是要掌握自媒体运营的思维，这才是成功与否的关键。在这里，给大家介绍我们的"IP卡位五招"。

第一招：明确标签

自媒体账号有很多，创作者也有很多。要想在人群中被识别和记住，就需要**给自己"贴标签"**，比如"美妆博主""营销专家""教育名师""儿科医生"等。做自媒体时，定位就是贴标签。

"标签"是自媒体平台的算法精华，理解了标签的含义，自媒体运营才能游刃有余。

账号有标签。这些标签帮助我们判断该账号是哪个领域的创作者，以及擅长输出哪方面的内容。

内容有标签。平台会在内容上打标签，备注该内容的方向与特点等。

用户也有标签。平台会根据用户的消费习惯，给用户打上标签，这样就知道用户喜欢哪些内容。

这三个标签随着大数据的累积，会越来越精准。于是，平台把具有相同标签或类似标签的账号、内容、用户匹配起来，就完成了智能推送。

举个例子，小明平时很喜欢在抖音上看美食相关的视频，久而久之，抖音就给小明打上了"美食"的标签。美食博主"李子柒"是美食方面的优质博主，李子柒的账号也是"美食"的标签，她发布的美食视频也是"美食"的标签。于是，抖音就把李子柒的美食视频推送给小明。

只有明确了标签，创作才能有的放矢，内容也才能推送给精准客户。

第二招：爆款思维

自媒体平台的算法给了所有人机会，即使你是个刚注册的默默无闻的新手，只要内容够好，都有可能创作出爆款作品。做自媒体一定要有爆款思维。爆款作品能帮我们快速吸引粉丝、快速打开局面。笔者傅一声经常创作出10万次以上阅读量的文章，一篇这样的爆款文章就能增加几百到几千个不等的新粉丝，效果非常可观。

除了增加粉丝，爆款作品还可以帮助创作者快速打响名气。笔者傅一声就曾因为一篇阅读量超过300万次的文章被平台官方所关注到，并被邀请成为平台的签约作者。

并且，只有具备爆款思维，才不会陷入自以为是的境地。因为爆款作品一定是因为受到用户的喜爱，平台才会不断推荐，用户才会点赞或转发。爆款作品就是用户思维最好的例证。有的朋友抱怨说自己的内容这么好，为什么就是没有爆款，说明他还在闭门造车，没有用用户思维去创作。

第三招：分析数据

为什么自媒体平台的创作者这么多？因为自媒体平台的门槛相对较低。能不能在自媒体平台崛起，不仅跟自身能力有关，还需要摸清平台规律，根据规则去运营。

笔者有个朋友是作家协会的大作家，但是他发现自己在今日头条上写的文章的阅读量很低。不是他的文笔不行，是他的文字风格不符合今日头条的风格。相反，很多文笔一般的作者写出的文章，因为接地气，能够引起读者的共鸣，反而获得更多读者的认可。

那么，如何辨别平台的规律呢？最主要的手段是"分析数据"。自媒体平台都有一个后台，要对后台的数据认真分析。比如，根据数据可以发现上午用户活跃度不高，而晚上7点后用户非常活跃，于是我们可以选择晚上7点左右发布作品，这样效果可能更好。

对于单篇作品需要关注的数据有：推荐量、阅读量、评论数、点赞数、收藏数、转发数、完成率、粉丝增加量等。通过分析数据，找出成功和失败的原因，然后进行改进，能够帮助我们提升创作敏感度。

举个例子，傅一声昨天写了篇文章。经过一天的观察，发现阅读量不理想，于是查看后台数据。从下图我们可以看到，文章推荐量是18546，而阅读量只有1283，文章打开率为7%（阅读量除以推荐量为打开率）。阅读完成率（即读者的平均阅读完成度）也很低，只有74%。

推荐量 ⓘ	阅读量 ⓘ	阅读完成率 ⓘ
18546	1283	74%

评论量	点赞量	收藏量	分享量	涨粉量 ⓘ
0	2	123	26	0

根据几个数据的反馈，傅一声基本可以判定文章存在两个问题：标题不够吸引人，阅读过程不够流畅。于是傅一声赶紧对这篇文章进行了修改，换成更有吸引力的标题，并对内容做了适量的删减，一些较为专业的用词也改成了更容易理解的词语。不到半天，数据就发生了好转（见下图）。

推荐量 ⓘ	阅读量 ⓘ	阅读完成率 ⓘ
733565	159271	90%

评论量	点赞量	收藏量	分享量	涨粉量 ⓘ
136	1583	7879	11008	613

文章经过修改后，数据变化很大：推荐量为73万多，阅读量为15万多，文章打开率达到21.7%，阅读完成率达到90%。

第四招：保持专注

想要在自媒体平台上打造IP，必须要保持专注。假如你给自己定的标签是"教育专家"，就应该持续输出教育相关的作品。假如你今天发教育类文章，明天发宠物视频，后天发美食视频，就很难打造成功的IP。这是因为，平台根据该账号所发的内容判定这个账号并不专注，以后很难进行推荐，甚至可能会限流。而读者看到该账号所发的内容比较凌乱，也很难认可。

第五招：坚持

说实话，做自媒体非常考验耐心和恒心。账号需要"养"，只有持续发布好的内容，账号才会越来越有价值；粉丝要慢慢积累，才会有裂变的一天。

很多做自媒体的朋友并没有特别出众的才华，就是因为肯坚持，不断创作，并且在创作过程中提升自己，不断推出越来越好的内容，最后成为所在领域的IP。

坚持，就能打败80%以上的人！

笔者傅一声刚开始入驻"百家号"平台时，阅读量、粉丝量都一般，傅一声保持每天发布1~2篇优质的原创文章或视频，风雨无阻。虽然每天都只有几百次的阅读量，粉丝增加得也不多，收益就更少了，一个月只有不到几毛钱的广告收益，但是傅一声没有放弃，每天只管创作好的内容，没有一句怨言。

经过一年的"养号"，有一天，百家号"傅一声"突然火了，文章篇篇火爆（见下图），收益也非常可观。傅一声坚持了一年，日复一日地发布好的原创内容，才等到这一天。

一旦在自媒体平台成功地打造出IP，就成功地自建了自媒体鱼塘。这样我们就能从自己的粉丝中引流精准客户、直接销售及利用影响力与异业合作等。

04

HOW TO ATTRACT

鱼饵

巧设卖点，让客户蜂拥而至

鱼塘式营销重在引流。

引流能否成功，关键看鱼饵。

鱼饵的设计需围绕痛点，而不能光凭直觉。

小兔子去钓鱼。第一天，小兔子非常认真，看到鱼塘里有好多鱼在扑腾，但钓了一整天，小兔子连一条鱼都没钓到；小兔子没有灰心，第二天接着钓，依然一无所获；第三天小兔子仍然没有放弃，它记得妈妈说过"做事要坚持"。就这样，小兔子钓了十天，一条鱼也没钓到。第十一天，当小兔子像往常一样把鱼钩放进水里的时候，一条鱼浮出水面，生气地对小兔子说道："小兔子，小兔子，你要是再拿胡萝卜来钓我，我就跟你没完！"

　　原来，小兔子竟然用胡萝卜钓鱼。它自己喜欢吃胡萝卜，便认为鱼也喜欢吃胡萝卜。**小兔子选错了鱼饵，自然钓不到鱼。**

别拿胡萝卜钓鱼

这里所谓的"鱼饵"就是用来把"鱼儿"们从"鱼塘"引流到企业或门店的东西。鱼饵可以是一个赠品，也可以是产品的一部分。

鱼塘式营销重在引流，鱼饵则是引流成败的关键。引流能否成功，关键看是否能选对鱼饵。

很多企业都懂得要用鱼饵去吸引客户，但真正成功的企业很少，为什么呢？不外乎是下面几个原因。

1. 没有用户思维

无论鱼饵是赠品还是产品本身，或者是一张折扣券，它必须是客户内心确实想要的，能抓住他们痛点的东西。就好比小兔子钓鱼，它自己喜欢吃胡萝卜，就以为鱼也喜欢吃胡萝卜，才导致钓鱼的失败。

鱼饵是不是目标客户想要的比选择鱼塘更关键，而很多企业在设计鱼饵的时候，往往只凭直觉，而没有用户思维。

举例来说，假设你是做建材类销售的，最好的鱼饵就是跟装修有关的东西，比如家用小电器、厨房用品、空气净化器、小盆景等。

如果你是做教育类产品的，用户都是小朋友，那么鱼饵可以从两方面去考虑：一方面是小朋友需要的，比如文具用品、小玩具、故事绘本等；另一方面是家长需要的，比如家教类读物、相册相框、拉杆箱、水杯等。

所以，**设计鱼饵要从用户的角度出发。不是我们手里有什么就去送什么，而是他们要什么，我们才给什么。**

要避免用错鱼饵，即便你觉得已经抓住了痛点，还会有很多不确定因素，所以最好先做小范围测试，如果测试结果良好再大范围推广。测试的对象必须是比较精准的目标客户，而不应是自己熟悉的客户。

案例：鱼饵测试

我们曾给一家青少年高尔夫培训机构做辅导，该机构的用户画像是6～12岁的青少年。当时刚好有一部小朋友都喜欢看的电影《哆啦A梦》正在上映，我们团购了200张电影票，准备用来引流客户。

活动开始前，我们先做了一个测试，看看孩子们的反应如何。我们选了在离机构特别近的一个学校门口做地推测试，但200张电影票最后只发出去50张，大部分家长一听到请小朋友看电影就摇头。

后来我们找到一些已经成交的家长询问才知道，我们选择的时间段出现了问题。当时是6月初，而6月中旬即将迎来期末考试，家长根本不会在考试之前带孩子去看电影。即便我们的电影票是通票，即半年内都可以去电影院看任何电影的那种通票，家长依然觉得现在拿电影票对孩子就是一种学习上的干扰。最终活动以失败告终。

等期末考试结束后我们再去做地推的时候，剩下的150张电影票不到两天就被一抢而光，而且都是来机构参加完体验课才领的，由此增加了100多位精准客户上门体验。

这个案例其实是一个失败的案例，我们算对了用户需求，却没有算对活动的时间。还好我们做了测试，也做出了相应的调整，才及时进行弥补。

2. 鱼饵成本不能太高

如果选择的鱼饵是价值非常高的产品，一旦消息传播出去，可能会引起大量客户疯抢。一方面企业没精力和时间去转化，另一方面成本太高。

有一次大嘴老师在给企业做培训，一位学员课后跑来跟大嘴老师反馈了他曾经工作过的一家企业做过的一场引流活动。当时他的老板手里刚好有一批抵债的国产平板电脑，市场价格在500元左右，成本大概为300多元。这位学员当时负责销售，就提议说，反正是抵债的，干脆拿来引流，只要有客户到店消费就送平板电脑。结果消息一公布，很多客户跑来领礼品，其中很多人只消费几十块钱。老板一看这么多人来领，库存的100台平板电脑一天就被抢光，还没产生多少业绩，顿时就觉得亏大了，还没到截止时间就宣布活动结束了。

结果有很多没有领到平板电脑的客户觉得该企业在欺骗客户，不讲信誉，他们甚至跟店员吵架。后来老板无奈之下只好又自掏腰包买了100台平板电脑。最终的结果是平板电脑也送了，客户也得罪了，却没产生多少业绩和影响力。因为最初是这位员工提的建议，老板迁怒于他，他便只能黯然辞职。

鱼饵的设计不能超出自己的承受能力。一旦成本过高，而拓客和成交的结果并没有达到预期的话，企业和客户都不愉快，得不偿失。

所以，在设计鱼饵的时候，我们除了要关注痛点，还要控制好成本，找到一个平衡点——刚好能吸引客户，成本也不是很高，能保障一定的利润空间。

3. 鱼饵不能太虚

太虚的意思就是夸大鱼饵的价值。比如很多企业把自己的体验服务或课程作为鱼饵来引流，但标价极高，体验价极低，客户就会产生质疑。

4. 门槛不能太高

门槛要设，但不能太高。例如在朋友圈集赞送体验课或小奖品（鱼饵）的活动，要是需要集200个赞才能获得一节体验课或某个小奖品，客户就不愿意去转发，因为难度太高了。

这里建议设计阶梯式的门槛，比如集20个赞就能获得一个价值20元的小礼品，集40个赞就能获得一张价值100元的单次体验券，集80个赞就能获得一张价值500元的月卡等。

买客户思维

　　谈到鱼饵的设计，咱们必须谈一个关键的思维模式：买客户思维。

　　什么是买客户思维呢？简单来说就是花钱买客户，也就是要懂得先付出。

　　销售人员都愿意在成交之后给推荐人一定的回报作为感谢，却没有人愿意在没成交之前就支付报酬。如果能把报酬前置，虽然有风险，但别人更愿意主动为你提供资源。

　　包括对客户也是如此。客户进店来消费，很多企业愿意在成交后给客户额外赠送礼品，但却很少有企业愿意在成交之前送出赠品。

案例：电水壶换客户

我们曾经给一家做油烟机销售的门店做辅导。我们的任务主要是给门店引流。我们帮该门店设计了凭装修合同就能到店领取一个价值100元的电水壶的活动。

一开始门店老板不能接受，认为这个钱花得比较冤枉。

我们就问老板："你成交一笔订单能赚多少钱？"

他说："去掉业务提成能净赚500元。"

我们继续问："你是否愿意拿出250元来做推广？"

他回答："如果能成交，当然愿意。"

我们接着问："如果有5位精准客户到店，你能成交几个？"

他说："如果他们都有需求的话，至少能成交一位客户。"

我们继续说道："如果我们用批发价为50元的电水壶换5个精准客户，你觉得值吗？"

这样一说，老板就非常认同我们的方案。这个活动传播出去后，瞬间有几百位精准客户到店。

这就是买客户思维，即用客户需要的礼品去吸引客户到店，并争取与这些客户成交。也就是说，客户是可以花钱买来的，这就是用"鱼饵"钓鱼。

大多数企业做市场推广基本靠广告来吸引客户到店，这些其实都是成本。

我们曾服务的一家做女性保健品的企业非常重视营销，于门店所在城市大量投放电台广告。每个城市的电台广告费用价格不一样，计算下来，每一位进店的客户引流成本最低约为200元一位，最高达到500元一位！

也就是说，如果进店的客户不成交，企业立刻损失500元。所以用广告"买"客户成本是非常高的，且广告不够精准。如果换成用礼品来引流，只是把广告费换成礼品而已，却可以通过社交网络精准地吸引客户，成本也相对较低。

~~~~~~~~~~~~~~~~~~~~~~~~~~~~~~~~~~~~

上述案例中，我们用50元换来一个精准客户，虽然成交的利润并不丰厚，但其实赚回了广告费。而且这个客户一旦成交，还有他背后的转介绍和未来再次成交这些隐形收益在里面。

我们服务的都是中小型企业，大多是没有足够的预算做广告的，那就只能用鱼饵营销来引流了。

那么到底用多少钱买客户才是划算的，以及如何控制好鱼饵的成本呢？需要做好这四点：

（1）预估成交的概率

如果有5位精准客户到店，成交1位，那成交的概率就是20%。

（2）计算鱼饵的投资占利润的比例

假设从利润中拿出一半作为对鱼饵的投资，那么如果人均利润为500元，就可以拿出250元当鱼饵。

（3）策划鱼饵的内容

按照上面的比例测算出来，每个客户的鱼饵成本为50元，可以用来购买能吸引精准客户的礼品。

如果你的发放对象还不是特别精准的客户，比如说做地推，或只想用小礼品换取客户的微信或电话，那就还要再深入地测算一下换取精准客户的比例。比如上面说的5个精准到店客户可以赠送一个成本为50元的礼品，而实现1个到店客户需要找10个潜在客户做地推，那么还要从50元中拿出10元购买成本为1元1个的小礼品，比如精美的小娃娃。如果用每一个小娃娃可以加一个家长的微信，10个加到微信的家长中有一个会到店领取成本为40元的礼品，然后5个到店领取礼品的家长上完体验课后可以成交一单，收益为500元，这就是成功的买客户思维的完整流程。

不同鱼饵的营销策略

1. 赠品类鱼饵

所谓的赠品类鱼饵是指不用自己的产品作为引流工具。赠品类鱼饵主要用于在流动型鱼塘门口做地推使用，因为如果你手里没有一个小赠品就很难换取目标客户的联系方式。

但赠品类鱼饵也是需要针对精准客户的行为习惯和需求去设计的，绝对不能犯自以为是的错误。假如你的客户是家长，赠品类鱼饵就可以是学习用品、儿童益智玩具，或USB小风扇等。

使用赠品类鱼饵最好的引流方式就是地推。一个典型案例就是英孚教育，其最主要的流量来源就是最传统的营销模式——地推。相信很多人都有过类似的体验，带孩子逛商场的时候总会遇到一手拿着小玩具，一手拿着资料表格的英孚工作人员来跟你说话。小朋友看见小玩具就爱不释手，地推人员告诉你填写联系方式就能免费兑换小玩具，并告诉你他们会打电话跟你预约上体验课的时间。你来也好，不来也罢，只要填写资料就送你小礼品。

这样的地推方式看上去不怎么聪明，但效果是非常好的。首先它具有精准性，你来逛商场就说明你大多是住在商场附近的，而英孚教育通常也开在商场里面。那么，带着孩子的你就是精准客户。再加上他们日复一日地做地推，总会有人愿意来上体验课。英孚教育的体验课又是一流的，那么就肯定有人愿意交钱上课，引流就成功了。

2. 产品类鱼饵

产品类鱼饵是指用自己产品的一部分做引流，比如培训机构用体验课来引流、健身房用月卡来引流、美容店用面膜引流、整形医院用玻尿酸来引流等。但这里有一个非常关键的问题，如果你的引流产品本身不够吸引人，对客户来说不是刚需，就很难推动客户行动。

另一种是用代金券或折扣券来引流，也属于产品类鱼饵的范畴，比如洗车券、咖啡券、足浴券等。

同样，代金券或折扣券引流成功的关键是产品本身要确实是客户的刚需。在客户心中有价值的产品才能推动客户走进门店或安装你的APP。如果你的产品本身不够吸引人，也不是刚需产品，那么建议你还是考虑赠品类鱼饵吧。

比如瑞幸咖啡（luckin coffee）就是用一杯免费咖啡当作鱼

饵来吸引新客户注册的。再加上转介绍奖励政策（介绍一个新客户，自己得一杯，对方也得一杯），促使人们在朋友圈自发地疯狂传播，达到了病毒式扩散的效果。

3. 体验类鱼饵

体验类鱼饵，即用服务来引流。

典型的例子就是净水机厂家用免费安装试用作为引流工具。他们免费给你上门安装，让你先试用一个月。如果体验不错，就付钱购买；要是不想购买，他们就上门拆机，你不用花一分钱。

以无锡江阴的吉善泉袋装水为例，该商家首先提出免费试喝的体验式营销，不仅把水免费送给你喝，而且连饮水机也一起送给你免费体验。

体验喝完五袋水之后你也就形成习惯了，就不想再换了。然后，你只要买满多少袋水，饮水机就免费赠送给你。而且该商家的目标客户是企业，所以该产品会被摆在各大写字楼的大厅里让你免费试喝，并且可以免费送进你的办公室。

4. 爆品类鱼饵

爆品类鱼饵其实也属于产品类鱼饵，因为比较特殊，我们就单独拿出来说一说。

爆品也称爆款，通俗来说就是一款引爆市场的口碑型单品。它有两大特征，第一是口碑爆棚，第二是流量爆棚，也就是"叫好又叫座"。

爆品分为两种，一种是利润型爆品，另一种是引流型爆品。

利润型爆品以创造收益为主要目的，但当这个产品真的成为了爆品，那么引流就自然而然形成了，因为会产生自动口碑传播，即所谓的"自来水"。

引流型爆品被设计出来的目的就是引流，通常不赚钱，甚至亏钱。

成为爆品必须满足五大特征：**外表惊艳、高性价比、直击痛点、让人尖叫、吸引流量。**

第一，外表惊艳。也可以说极致的设计体验，即无论产品的外观，还是外包装，要让人有种爱不释手的感觉，否则很难吸引眼球。

第二，高性价比。这是爆品的核心。这个高性价比可不能单纯理解为便宜，而是和其他同类产品相比，在价值上更胜一筹。

第三，直击痛点。也就是说，产品价值要刚好满足客户最直接的需求。我们一直在强调，营销成功的核心就是**卖点等于痛点**。直击痛点就是让产品的价值能够解决用户最想解决的某一个关键点。

第四，让人尖叫。我们也可称之为"尖叫法则"。所谓让人尖叫，就是无论产品本身还是服务都会给用户带来极致的体验，乃至产生尖叫的效果。"哇！这个产品真是太棒了！"人们只有产生这样的感觉才会主动将其转发至朋友圈。

第五，吸引流量。其实引流才是做爆品的真正目的。因为爆品的性价比高，所以成本一定也是比较高的。有些企业为了吸引流量，把爆品做成了引流产品，不仅不赚钱，说不定还赔钱。爆品的目的是当流量产生之后，带给其他产品消费的可能。比如苹果公司曾经有一款手游叫"部落冲突"，一度在苹果商店游戏类APP下载榜排名第一。虽是一款免费手游，但当你玩到一定时候，会发现如果不去买一些"钻石"来加速的话，就很难跟上同伴的升级速度。这是笔者大嘴老师唯一花钱买的一款手游。

那么如何做一款爆品呢？

第一步，设计一款高性价比的产品。

高性价比包含两个最基本的要素，第一个是高价值，第二个是低价格。

第二步，锁定精准用户的痛点。

首先要对精准用户进行画像，然后锁定某一个痛点，并且营销文案中要体现如何解决用户的这一痛点。

第三步，小范围测试。

这个步骤非常关键；也叫封测，即内部测试。

有些微商自己也有连锁门店，所服务的目标人群比较广。一旦把产品推出去，产品的口碑形成了，再要去改变用户对产品的看法就很难，所以首先要在小范围内做测试，比如选一个门店或一些铁杆粉丝进行推广试用，然后搜集用户反馈。如果反馈非常好，有重复购买，或客户主动推荐新用户购买，则说明该产品有望成为爆款，可以大范围推广。这样的话，你的试错成本就会大大降低。国内有一款游戏笔记本电脑——雷神，号称"从3万差评中诞生的笔记本电脑"。雷神就是用小范围用户测试，解决购买者提出的若干个质疑，最后成长为中国著名的游戏笔记本电脑品牌。

第四步，全网立体式推广。

这时才应针对你的所有目标人群进行推广，利用好你的所有新媒体：朋友圈、微信群、公众号、抖音、微博、微店，以及你所有的媒体号。

第五步，制造口碑传播效应。

然后制作"客户见证"，包括客户重复购买的截图、用户的使用反馈视频等，再把这些"客户见证"进行媒体推广，制造口碑传播的效应。

做到了以上五个步骤，产品不爆红都难，你就准备迎接大量的粉丝扑面而来吧。

5. 打窝型鱼饵

喜欢钓鱼的朋友都知道什么叫打窝。钓鱼的行家在放鱼竿之前，会在鱼塘里预先丢进去几个香喷喷的面团子，专门用来吸引鱼儿们聚集过来。等鱼儿聚集得差不多了，才开始钓鱼。

我们做鱼塘式营销同样也有打窝这一招，意思是**通过举办潜在客户比较喜欢的活动来吸引大家聚集到一起，然后再抛出鱼饵钓鱼。**

比如说开设公益课堂。儿童教育类机构可以开设妈妈课堂，请知名的教育专家来给家长们讲课，并组建一个家长群，以方便进一步的社群运营。同时设计一个比较有诱惑力的课程，让家长直接报名。这些家长体验完产品后，可以为其推荐更高一阶的课程产品。

利用打窝型鱼饵组织的活动应是目标客户群（买单人）比较感兴趣的，而且必须体现出活动本身的价值才有吸引力。

鱼饵的传播方式

再香再美的鱼饵也需要传播渠道来让目标客户群体知道。鱼饵该如何进行传播呢？请看如下几种方式。

1. 电梯广告

如果你的资金比较雄厚，那么产品类鱼饵的最佳推广工具莫过于电梯广告了。使用这样的营销方式的关键在于电梯广告投放地点的选择，具体要满足三个条件：

第一，投放范围必须在3~5千米内，以方便客户上门体验和消费。

第二，要注意投放小区的楼盘品质和开盘时间。以少儿教育机构为例，用户画像是幼儿园的小朋友，那么投放广告的楼盘开盘时间最好是3~5年，因为很多住户都是结婚时搬进新房的，那么3~5年后他们的孩子刚好上幼儿园。再者就是楼盘的品质。如果楼盘价格较低，那么住户的消费能力也会偏低，所以应该选择楼盘品质较高的小区投放电梯广告。

第三，设计广告的时候必须把引流产品的价值说清楚，甚至要放上引流产品的图片，这样才能激励消费者上门体验或领取礼品，达到引流的效果。

2. 地推

如果你没有足够的经费做广告，可以采取地推的方式。和上述发赠品类的地推不一样的是，这里的地推只需告知客户来店领取礼品，而不用直接把礼品送给客户。这里设计的领取礼品或上门体验必须符合两个条件：第一是时效性，即过期作废；第二是稀缺性，即发完为止。

3. 异业联盟

前面我们已经介绍过如何进行异业联盟，其中有一个非常便捷的方式就是相互用各自的产品或体验课进行引流。比如你经营一家音乐类的教育机构，我经营一家体育类的教育机构。我帮你发音乐课体验券，你帮我发体育课体验券，我们相互引流。如果觉得体验课还不够有吸引力，可以再加上一个小礼品，比如到店上完体验课后，无论是否报课都可以免费领取一个乐扣水杯。

4. 网络传播

微信朋友圈是目前比较高效的传播渠道。我们可以制作图片、H5或公众号文章，让自己的员工转发至朋友圈，或者让老客户转发。转发成功就赠送小礼品，或赠送一个自己的产品，比如健身房可以延长一个月的健身时效等。

通过朋友圈传播还可以增加一个有意思的集赞活动，比如集满50个赞可以到店免费体验一次，集满200个赞可以获得一张月卡等。除了集赞的方式，微信营销还有很多策略，如砍价、拼团、抽奖、投票等，其实原理都差不多。

案例：小众体育项目的集赞活动

我们的客户中有一家叫沃德冰雪的企业，是开滑冰场的，在全国有4家直营店。该企业的太原店开业时就做了一个朋友圈集赞获赠门票的引流活动，结果开业现场人满为患，连续几天都客流爆满。就这样，该企业在当地一炮而红。

沃德冰雪引流活动

5. 美团和大众点评

美团和大众点评是非常棒的引流平台，可以发布引流产品。比如篮球馆可以用折扣价设置单次团购或团体包场。而美容店的团购引流最好是两次起，即客户第一次引流进店后不要推销任何产品，只提供最完美的服务体验，并多跟客户互动，由此让客户产生信任感，而客户第二次到店体验才推出后续产品。

在我们服务的企业中有一家女性皮肤管理连锁门店品牌"朴荷"，在我们培训之前就已经是无锡当地的网红美容店了。2016年首家店面开业至今，该企业已经有100多家连锁店加盟，生意越做越火。其实类似这样的皮肤管理中心（过去叫美容店）有很多，那么朴荷是如何异军突起的呢？该企业前期主要靠微信朋友圈推广引流，加上一流的服务体验带来很多人气，而之后的流量有很多都是靠美团带动而来的。

如果你的产品具备一定的刚需，比如餐饮服务等，客户登录美团会自己去找这些团购，就能自动带来流量。如果你的产品不是刚需的，就必须主动引流。

最简单的主动引流的方法就是用自己的公众号在朋友圈和微信群做引流，具体步骤如下：

第一步，开设一个知识类公众号。假设你是经营健身房的，你就可以经常发布教大家如何健身的教学类文章，或者如何才能更健康、更健美的知识类文章。

第二步，发布每一篇有价值的文章后，可以在文章底部留一个团购二维码，读者扫码就能直接进入团购页面。

第三步，让企业员工都去转发这些文章至朋友圈或微信群。大家看完文章后产生了健身的欲望，又刚好看到有团购，就会马上点击购买。

美团团购的产品发布也有讲究。价格要放两个，一个是门店的价格，一个是团购的价格，并且必须给人感觉相当超值。比如理发店的理发团购，门店价是58元，团购价只要25元，这样才能引起客户购买的欲望。

另外，美团团购的一张券最好能体验两次。比如我们服务的一家企业，他们99元的团购可以享受两次皮肤护理服务。客户团购后第一次到店体验，店员是不会推销任何产品的，只是全心全意地为客户服务。客户因此慢慢放松警惕。等第二次体验结束之后，店员才告诉客户有办卡优惠，而且不会推荐半年或一年的产品，而是用几百块的多次服务卡来进行二次引流。等与客户产生黏性以后再逐步推荐更高价的产品。

整个营销体系和流程可以用四个字来概括：引、留、锁、升。

"引"就是引流，包括美团引流、朋友圈引流和地推引流；

"留"就是通过二次引流产品来留住客户，比如4次皮肤护理的优惠产品；

"锁"就是通过服务锁定客户，让客户对商家产生信赖，形成来该商家做皮肤护理的习惯；

"升"就是升级为长期服务的客户，也就是为客户推荐年卡或半年卡，让客户成为真正的忠实粉丝。

朴荷的整个营销体系里做得最成功的其实是"留"。他们设计的鱼饵其实有两个部分：第一个是引流型鱼饵，即到店体验两次，第一次只体验，第二次才收线；第二个是养鱼型鱼饵，即使收线也不马上推荐很贵的产品，而是慢慢跟"鱼儿"培养感情，等完全熟了之后才将其升级为大客户。

05

HOW TO SUCCEED

钓鱼

黄金五步法，大幅提高成交率

先做破冰，再讲价值。

没有最好的技巧，只有最好的时机。

不想放虎归山，就要学会逼单。

从鱼儿的画像、鱼塘的定位、塘主的合作到鱼饵的设计，我们已经成功地吸引了不少客户，那么现在到了该钓鱼变现的时刻了，你准备好收线了吗？

　　接下来为大家介绍门店黄金五步成交技巧：破冰、介绍、报价、解惑、成交。做好这五个步骤，可以大幅提高成交的概率。

破冰

破冰就是破除客户身上的"坚冰"，让客户放下防备之心。每一位新客户走进陌生的门店，都是带着防备和戒心的。因为客户跟销售人员和品牌之间缺乏信任度，所以销售人员在谈产品和价格之前必须把客户身上的这层"坚冰"打破，才能开始聊产品。简单地说就是：**没有破冰就不能谈产品**，即便客户想谈，也要想办法把话题岔开。

成交是结果，而成交必须满足四大要素：第一是需求，第二是购买力，第三是决策力，第四是信任。

首先是需求，即客户是否对你的产品或服务有着最直接的需求，这是产生最终购买的核心和基础条件。

其次是购买力，即客户有没有购买产品的经济实力。比如说，如果你的产品是高端的，而客户没有购买这样的产品的经济实力，就形成不了最终的销售。

第三要素是决策力。比如有的时候我们面对的客户可能是一对夫妻或母女，在成交之前必须搞清楚谁才是真正的"拍板人"，即最终做决定的人，这样才能达成销售。

第四要素最关键，其重要性甚至超过前面三个的总和，那就是**信任**。

下面解释一下为什么信任这么重要。打个比方，假设你经营一家英语培训机构，你所在门店的3000米范围内可能有好几家英语培训机构。那么客户一方面会选择品牌知名度（品牌信任），另一方面会选择更加熟悉的销售人员或老师（个人信任），而后者的重要性更大。

为什么说个人信任更重要呢？

设想一下，有一天你喜得贵子，正准备给孩子买保险。在你面前有两个品牌可以选择，一个是平安保险，一个是天安保险，请问你会选择哪一个？大部分人会选平安保险，因为它的知名度高，品牌影响力强，带来很多信任感。

再假设，你不认识平安保险的销售员，完全陌生，而天安保险的销售员刚好是你表姐，请问最后你会选择哪一家？答案很可能就是天安保险，为什么呢？因为你相信你的表姐，至少你会给表姐开门，让她进来推销。

上面的例子说明了一个道理：个人信任比品牌信任更重要。

所以在门店销售或与客户接触的过程中，我们首先要建立的是客户对我们个人的信任，也就是快速拉近与客户之间的距离。

快速破冰可以通过以下几个关键动作来完成。

学会赞美

赞美是销售高手必须掌握的技巧，无论用来破冰还是缓和气氛，或获取客户好感，赞美都是非常管用的方法。尤其在与不是很熟悉的客户交流时更需要经常使用。你一夸客户，他哈哈一笑，那么"冰"也就算"破"了。

心理学泰斗弗洛伊德曾说过：**每个人都有渴求别人赞扬的心理期望，人一旦被肯定其价值时，总是喜不自胜**。同样，客户也是人，是人就需要被认可和夸赞。

—————— **故事：一百顶高帽** ——————

清代学者俞樾在《一笑》中记载了一个关于"一百顶高帽"的笑话。

故事大意是，有一个人准备去外省做官，走之前和他的老师告别。老师说："外省的官不好做，你应该谨慎从事。"那人说："我准备了一百顶高帽，碰到人就送一顶，应当不至于有矛盾而不快。"老师很生气，说："我们应以忠直之道对待别人，为什么一定要这样做呢？"那人说："天下像老师这样不喜欢戴高帽的人，能有几个啊？"老师点头说："你的话也不是没有见识。"

那人出来后，告诉别人说："我有一百顶高帽，现在只剩下九十九顶了。"也就是说，谁都喜欢被人"戴高帽"（夸赞），连他的老师也不例外。

赞美也要注意方法，下面推荐几个有效的方法：

（1）发自内心

这一点不必多说，无论你多么违心，都要让对方感觉到你很真诚。有人说这不就是演戏吗？如果你能演到让对方感觉你真的很真诚，那你真的很厉害！如果你做不到，那就还是选择发自内心的真诚吧。

（2）找到赞美点

这一点非常关键。每个人身上都有很多闪光点值得夸赞，包括长相、穿着、荣誉、成就等。但夸赞又不能过多，只有抓住某一两个最值得赞美的点去夸，才能让客户感觉愉悦。而最关键的是，这一两个赞美点**是客户自己也认为的优点**。

（3）赞美行为比赞美外表更有效

笔者面对的大客户通常都是企业家或高管。企业家也好高管也好，他们的成就通常都是通过奋斗得来的。他们奋斗一方面是为了谋收益，另一方面也是要向社会证明自己的价值，这就需要被人认可。

所以在与新客户交谈时，更要关注他们突出的行为。比如这个客户的企业如何出色，管理的团队多么优秀，获得的成就多么可观等。如果你能发现这些并大加赞赏，相信你的客户会对你刮目相看的。

上文那个"一百顶高帽"的故事中，学生也是掌握了老师的心理，夸赞了老师不愿意听奉承话的优点。

当然，无论男女，只要对方非常注重自己的穿着打扮，那么夸夸对方的外表，总是能让他或她开心一下的。

（4）赞美客户喜欢的

你可以赞美客户喜欢的运动、喜欢的宠物、喜欢的书籍、喜欢的爱好，等等。客户既然自己喜欢，那么他也希望别人跟他一样喜欢和欣赏。

还有一个赞美的目标是客户的孩子。通常家长都会对自己的孩子很偏爱，认为自己的孩子是最棒的。那么你多夸赞客户的孩子，他们真的会非常高兴。

但在夸赞孩子的时候，要注意增加一个动作，那就是蹲下来。因为孩子个子比较矮，他们往往对陌生且又高大的人比较恐惧，而如果你蹲下来，一来你们容易成为朋友，二来也表达了你对他的尊重。

（5）赞美也要适可而止

赞美虽然是个非常好的沟通技能，但赞美过多，或者过于夸张、夸大，就会让客户心生警觉，甚至产生反感，那就适得其反了。

（6）大声说出来

这一点比前面的五点加起来还要重要十倍！大家都知道赞美是个好习惯，但却有很多人因为不好意思而不肯说出口，还有很多人觉得找不到更好的说辞就干脆不说了，更有甚者觉得赞美就是拍马屁，就是阿谀奉承，而对此表示不屑。但殊不知，**赞美就是夸赞对方的优点，你在帮助对方树立自信心，**这是给人最好的礼物。关键是，如果你昨天不夸，今天不夸，明天还不夸，那么你就永远学不会夸人。

所以，无论如何，你都要从开口开始，大声说出来，把赞美当作每天完成的任务。如果你每天至少夸赞别人三次，那么坚持21天后你就养成了赞美的好习惯，也能慢慢领会到赞美的诀窍。

听故事

有经验的销售员都明白一个道理，那就是与客户聊天时间越久，成交率就越高。只要跟客户沟通时间不超过半小时的，基本都是在谈产品。那么到底要与客户聊什么呢？你可以多聊聊客户感兴趣的话题。

客户也是普普通通的人，是人就有很多经历，聊天的过程就是听他们讲故事的过程。所以，会听故事就成为一个能够拉近客户关系的绝招。那么要听什么故事呢？

（1）听为事业而奋斗的故事

一般事业成功的客户都有一个或几个失败和成功的故事，而他们往往愿意向别人倾诉自己的这份事业如何来之不易。

—————— 案例：创业史 ——————

多年前，笔者曹大嘴经朋友介绍，去拜访一位姓曾的企业家，他是建材行业的佼佼者。当时大嘴老师去拜访曾总时很明显地觉察到他是因为碍于朋友面子才勉强接待。两人一直东扯西扯。先扯的喝茶，大嘴老师感觉他没啥兴趣，就接着扯他的企业。聊了一会儿感觉他也没啥兴趣，眼看着再不聊点他感兴趣的话题说不定他就得送客了。这时大嘴老师灵机一动地问道："曾总，我曾听说您做瓷砖生意的时候，这条街都还没几个人做建材呢。当时您是怎么创业的呢？"

曾总本来还在泡茶，听到这个问题就来了精神，茶也不泡了，开始跟大嘴老师聊起他的创业史。原来他出生在福建的一个小山村，家里很穷，哥哥读了书，他就没书读，只好出来打工，跟着亲戚来到无锡。当时他在江阴的码头帮忙搬货。货物很重，问了其他人才知道是从广州运过来的瓷砖。他发现这个东西销量很大，便开始动了做瓷砖生意的念头。他先给建材店打工，学了很多门道才开始一步一步地自己创业。

这个故事足足讲了两个小时，讲完后他也饶有兴致地听了一会儿大嘴老师的成长故事，并愿意请大嘴老师讲一次课。大嘴老师就此敲开了建材行业培训的大门。

大嘴老师在20多年的从业经历中，遇到过无数位企业家，几乎每位企业家都有一段创业"血泪史"。我们看到的是他们风光的一面，背后都有着超越常人的心酸和劳苦。他们成功以后都希望跟别人分享自己的经历，由此证明成功的不容易。而我们作为营销人员，只要乖乖地当好听众就行了。创业故事听完了，我们跟客户也成为好朋友了。

（2）听生活类故事

对于男性客户，我们以听创业史为主。对于女性客户，尤其是一些家庭观念比较重的女性，我们可以更多地去关注她们的生活。她们都喜欢聊家常，包括子女教育、婆媳关系、妯娌关系、邻里关系、夫妻关系、同事关系等话题。

凡是客户有子女的，聊起孩子来都非常兴奋，不是吐槽孩子调皮捣蛋，就是夸耀孩子多么优秀。

只要跟客户聊起孩子，往往时间就会过得非常快。

案例：女出租车司机的女儿

有一次我们给一家女性化妆品销售企业做辅导，当时来了一位女出租车司机。一开始聊天她都是爱理不理的，一副防备心很重的样子。

后来当我们跟她聊起她女儿的时候，她就开始兴奋了，拿出手机给我们看她女儿刚刚参加钢琴表演的照片和视频，还不断给我们看她女儿在学校获得的各种奖项。

聊了半天后，她就主动开始向我们询问产品活动了，最后临走时购买了5000多元的产品。

聊家常还要注意另一个关键点，那就是不要聊太多自己的事。就算聊自己的事，也是为了引出客户的事，然后赶紧回到对方身上，听客户讲故事。

如果对方是女性客户，除了孩子还可以聊生活，比如她的丈夫，她的公公婆婆，以及家长里短都可以聊。你可能会说，人家跟你又不熟，怎么可能把这些家中的私事跟你说呢？那我告诉你，正是因为你们不熟，她才更愿意告诉你。不熟意味着你们之间没有什么人际交集，跟你说的话不会传到她身边朋友和亲人的耳朵里去，所以她可能更容易跟你吐露心声。关键是作为聆听者的我们，是否能表现出更好的聆听态度，来博取对方的信任。

一旦对方跟你聊了很多私密的事，那么你们就成了"知己"。

介绍

介绍就是产品说明，它有两个前提：第一个是破冰之后才能开始介绍产品；第二个是要充分了解客户的需求。

"三点式"说明法

每论证一个观点，要抛出三个关键点来说明。一到两个观点不够有说服力，超过三个，客户又记不住重点，所以三个观点是最合适的。

我们拿房产销售来举例。比如一家别墅地产的售楼代表晶晶，接待了一位刚生完二胎的企业老总。因为客户很忙，时间很有限，所以必须抓住重点来介绍楼盘。晶晶介绍道："张总，您好！我们楼盘的优势有很多，我挑最重要的三点给您介绍：一是属于学区房，重点小学和中学都在附近；二是交通方便，离高速公路入口才1.5千米，20分钟就能到机场；三是贵宾式物业，24小时巡逻，非常安全。接下来我给您详细介绍这三点，请到沙盘区域来……"

老总刚生完二胎，所以学区房肯定是最需要的；老总经常出差，所以离高速公路和机场近都是她需要的；老总的身份比较高贵，所以完善的物业保障系统也是她所关心的。抓住这三点详细说明，然后配合其他优势进行讲解，就能抓住客户的兴趣。

FBI产品价值说明法

这里所谓的FBI其实跟美国联邦调查局没有半点关系，这里的FBI是指特点（Feature）、好处（Benefit）和证明（Illustrate）。

很多销售人员在介绍产品的时候往往会把特点和价值混为一谈。特点是什么？特点就是价值的根源。如果你只说价值，客户会觉得你在夸夸其谈。

比如你销售面膜。你对客户说这个面膜具有美白功效，因为加入了珍珠萃取物。"加入了珍珠萃取物"是特点，也是具备美白功效的原因，而美白功效是结果，也是好处。

在说价值之前一定要把这个价值产生的原因说清楚，然后通过一个实例来论证，说服力就会提高很多。

FBI产品价值说明法又称"因果说明法"，下面将为大家详细介绍。

（1）F——特点（Feature）

很多企业在描述产品价值的时候，并没有把特点和价值完全分开。特点是原因，价值是结果，分开说的话客户感觉更加真实，也更有说服力。

（2）B——好处（Benefit）

在说完产品的特点之后，要把对应的价值说出来，才更有说服力。

在英文中，"价值"被翻译为"Value"，而我们这里用的单词是"Benefit"，意思是好处、益处，是比价值更深一层的含义。我们自己认为的优势是价值，而客户认为的优势才属于好处。

也就是说，我们要站在用户的角度去诠释价值，而不能自以为是。

有一次大嘴老师要卖自己的房子。那是一套老房子，地理位置还可以，但是社区比较旧，而且基本没有物业管理，也没有地下停车库，但大嘴老师硬是把房子多卖了五六万。

大嘴老师在卖这套房子之前，就给房子罗列了20条价值，比如门口有3条公交线，离市区只有10分钟路程，小区里就有一个菜市场，小区门口就有大超市等。还有一个亮点就是阳光充足，因为这个小区普遍楼层低，阳光从早上可以一直晒到傍晚。

卖房子的信息贴出去之后就陆续有人来看房，其中有一对夫妻特别感兴趣。丈夫一直在挑刺，而妻子一进门就忍不住偷偷跟丈夫说这个房子的采光太好了！大嘴老师听见以后没有吱声。当丈夫说地板已经翘起来了，大嘴老师说对呀，因为阳光实在太充足了。然后他又说厕所太小了，大嘴老师说是的，不过谁也没见过几个有阳光的厕所。最后大嘴老师以高出均价五六万的售价成交了。

这个案例说明什么问题？只有客户认为的价值才是好处。只有围绕客户认为的价值展开介绍，才能彻底打动客户产生购买。

（3）I——证明（Illustrate）

讲完特点和好处之后，要马上提供相对应的具体数据和实例来说明，这样才会加深客户对产品优势的信任度。

下面我们用一个例子把FBI串起来说明一下整体是如何运用的。

假设你在兜售面膜。你要说这个面膜里面含有少量的玻尿酸（特点），可以达到快速修复的效果，并可以保持健康的皮肤（好处）。有一次你连续上了两天一夜的课，回到宾馆一照镜子发现自己看上去非常憔悴。等敷完这个面膜之后，你发现脸部的肌肤瞬间恢复了弹性，感觉自己又年轻了好几岁（证明）。

在给产品做说明的时候，可以先罗列三个特点，然后分别配上三个好处，再用三个实例来证明。这样的产品说明就完美了。

会销

会销也就是会议营销，是通过一对多的产品价值说明会来增加大家对产品的认可度，然后再讲价格，客户就会觉得物超所值。

去泰国旅游过的伙伴一定还记得在最后一两天导游带你去购物的场景。无论卖药还是卖乳胶床垫，都有一套固定的营销模式。

导游肯定不会带你直接去看产品或直接给你报价，而是先带你进入一个会议室，让大家坐下来听里面的讲解人员介绍产品，然后再带你去看产品陈列和报价。在进去之前你可能会觉得自己肯定不会买，但当你听完讲解员生动的讲解之后，就会有购买的欲望了，至少看见产品价格以后不会觉得那么贵了。

很多人说这叫"洗脑"，其实就是给你做产品价值的预先植入。

那么，为什么会销的成功率这么高呢？有以下几个原因：

（1）一对多的销售，效率最高。

首先，这种模式最大的特点是节省时间。一个一个地去讲，肯定没有一次性跟很多人讲有效率。其次，人多的时候一起讲，人们趋于礼貌和脸面，一般不会打断你。

（2）利用从众心理，形成群体认同感。

只要有人认同，其他人也会被影响而产生群体认同感。

（3）可以运用多媒体进行讲解，让产品价值说明更加生动。

（4）可以运用团购优惠等激励措施来激发人们的购买欲望。

基于以上几点，会销的成功率和效率都是比较高的。很多青少年教育培训机构都会采用这样的模式，比如邀请家长和孩子一起来上体验课，或者邀请行业大咖来讲主题相关的公益课，然后植入产品介绍，由大咖进行推荐，最后提出激励方案，促使大家立刻消费。

一个成功的会销应该如何去运作呢？可以参考以下几个步骤。

第一步，确定活动主题与计划。

活动主题最好跟产品相关联。比如我们给干细胞储存企业做辅导时，就给他们设计了每月月底举办一次妈妈班的活动。有教插花的，有教孕妇瑜伽的，有教摄影的，上半场基本都是纯粹的主题活动，下半场会安排干细胞储存的优势讲解。然后用月底促销活动来激励成交，并额外赠送小礼物当作回报。

第二步，邀约精准潜在客户。

邀约有两种方法：一种是通过电话、微信或微信群邀约手里已有的潜在客户，即之前通过地推或转介绍引流来的精准客户；第二种是直接通过地推告知客户有什么活动，即用活动当作引流的"鱼饵"来邀约客户。

第三步，讲解员讲述产品价值。

既然是主题活动，那么这个主题一定得是真正有价值的。等活动流程结束，要马上植入产品介绍，通过FBI产品价值说明法，配合PPT讲解，加深客户对产品价值的认同感。

我们在给一家训练记忆力的教育机构做辅导的时候，采用的策略就是先让家长和孩子在一起学习，然后找个借口把家长带到另一个教室，由校长亲自给家长们讲解训练孩子记忆力的好处，并告诉他们现在报课的优惠措施，以此促进成交。现场没有成交的家长可以回到孩子身边，当他们看到孩子的学习成果以后，就很容易成交了。

第四步，让客户体验产品。

对于有型产品，比如护肤品、保健品、有机食品等，可以在会销现场让客户试用或试吃，还可以通过产品测试让客户见证产品的价值。

著名的直销品牌安利，最早在中国做直销成功的原因就是他们善于运用家庭会销模式。他们会把身边的亲朋好友聚集在某一个会员的家里，由讲解老师把自己销售的产品和市面上的产品进行对比实验，让客户产生惊艳的感觉。

第五步，运用优惠活动进行现场促销。

这里经常用的方法是提供团购优惠，或者多一个人购买就能直接减掉多少价格，以及采用额外赠送礼品等方式。在会销之前，还需要提前找到顾客如何能够马上付款的理由。

第六步，跟进签单。

即使当天没有签单的客户，也要想办法把他们拉进一个当天的活动群，继续"养鱼"，为后续的活动促成交易。

报价

为什么客户总觉得贵？主要原因就是销售员过早报价。

客户只要对产品感兴趣，一定会询问价格。如果销售员没有经过系统的训练，通常都会直接报价。

这时一旦把价格报出去了，客户就会嫌贵。如果解释不清楚，客户一犹豫，就可能离开现场。再要去成交就又要花一番工夫了。

所以我们有"三不报价"的建议：

第一，电话和微信里不能报价。

电话里不能报价大家都能理解，因为一旦客户觉得贵，就会把电话挂掉，然后再也不接你的电话了。微信上不能报价的原因就更简单了，因为一旦你在微信里给客户报了价，客户很有可能把聊天记录截图发给你的竞争对手看，从而把你作为比价对象。

同时，在电话和微信里你还很难去跟客户详细介绍产品的价值。

但有些客户就是想知道价格，一旦觉得价格确实比自己预料的低，真的就能马上成交。那么要如何应对这些拼命询价的客户呢？

方法是要把价格说得非常复杂，然后转移到邀约见面。

下面举例说明。

客户说："你们的课程怎么收费啊？"

销售员说："我们的课程种类有很多，而且学员人数不同、老师不同，价格也都是不一样的。既然您对我们的课程这么感兴趣，可以先来上一下我们的免费体验课，到时我给您推荐适合您家小孩的课程。您是参加周六的还是周日的体验课呢？我帮您预约一下。"

如果客户依然不依不饶地想要知道报价，该怎么办呢？方法是，**先报一个区间价。**

下面举例说明。

客户说："我只想知道多少钱一节课。如果价格可以，我就直接过来报名了。"

销售员说："我们的价格最低80元一节课，最高到200元都有。您可以先带孩子来体验一下，我们还有一个免费的智力测试可以给孩子做一下。通常做这个测试都要好几百元呢，您看我帮您预约到周六还是周日呢？”

第二，初次见面不能马上报价。

我们好不容易把客户邀请进店了，这时客户通常会直接问价格。如果我们马上报价了，客户肯定会觉得贵，因为他会立刻跟竞品中最低价的产品比较。

第三，客户不了解产品价值就不能报价。

这一条是很关键的，**在客户不了解产品价值之前，我们不能报价。**

那么我们该如何报价呢？

这里推荐一个报价技巧，即“三明治”报价法。

所谓的“三明治”报价法就是把报价分为三个步骤：

第一步，简单罗列产品优势。

简明扼要地罗列出两到三条客户最关心的价值点。

第二步，报价。

这里的报价最好分为原价和现价。

第三步，详细阐述产品的价值。

报价后可以继续详细列举产品的其他价值，把你的优势一一罗列，并配合实例和数据去说明。

"三明治"报价法举例

"我们的暑期班是全天托管式的。您早上上班前把孩子送过来，晚上下了班再接回去，中午我们还管饭，而且我们的老师都是重点小学退休的老教师。我们的暑期班一共7天，去年学费1500元，今年回馈新老客户只要1200元。我们一个班只收6个孩子，是小班制教学，课程内容贴近学校教学……"

这么一介绍，本来觉得1200元的价格比较贵的家长，也会觉得太超值了！说不定马上就能冲动消费。

区别于"三明治"报价法的是报"裸价"，就是直接报价，没有任何价值包装。如果你报"裸价"，客户总会觉得贵，但当你先简单说出几个价值点，而且都是客户所关心的，报完价后再详细阐述其他的价值，或者提供实例说明等，客户就会有物超所值的感觉。

解惑

简单来说解惑就是解除客户内心的抗拒和疑虑。在我们讲完产品价值和报完价格之后，只要对产品感兴趣的客户都会提出心里真正的顾虑。通过我们巧妙的解说，客户通常都会成交。

但有些销售员因为没有经过系统的学习，没能掌握解除抗拒的策略，才让煮熟的鸭子飞走了。

人们一般都不喜欢被反驳。如果有人反驳自己，无论对方多么有道理，即使自己心里可都能已经认可了，嘴上还是不肯服软。所以如果你直接反驳客户，客户肯定不乐意。由此我们研发出了一个巧妙的解除抗拒的技巧，叫**"太极推手反驳术"**。

太极推手反驳术最核心的原理就是先认同。这与直接反驳是相反的。

大家都见过打太极拳的人，他们看上去就好像在一直画圆，其实他们是在把对方打过来的"力"通过画圆给化解了，然后再把更强大的"力"还回去。

太极推手反驳术就是如此，要先认同，再巧妙地实施反驳，具体流程分为以下五个步骤。

第一步，认同。

无论客户提出的观点多么匪夷所思，甚至说话多么不堪入耳，我们要先一概认同，甚至还要加上一点夸赞，让对方完全放松警惕。

第二步，平行过渡。

认同过后，要接着用"同时"这个词进行过渡。很多人一开始也懂得认同，但后面就犯了一个致命错误，即习惯性地说"但是"。"但是"的意思表面看是转折，其实真实传达的意思就是反驳。你还记得小时候被老师喊到办公室的场景吗？老师会先夸一夸你，然后就是"但是"了，你就知道老师要开始批评你了。类似的回忆让我们都习惯性地理解，说"但是"就是在反驳。所以要把"但是"改成"同时"，意思是你说的对，同时我表达的意思也对。太极推手反驳术的成败关键其实在这里：<u>我认同了你，你也得认同我</u>。

第三步，讲理由。

这里的理由就是反驳的理由。如果客户说价格贵，那这里要讲的就是贵的理由、贵的原因。如果客户说付款方式不合理，你就说这种方式对客户的好处是什么，或者说对双方的好处是什么。总之，讲出来的理由必须具有一定的说服力，否则你再认可对方都没有用，最后还会回到老问题，无法说服客户。

所以在与客户沟通之前，至少提前准备好反驳的2～3条理由，且这些理由最好直击痛点，直指客户内心。

说理由经常可以用到的句型是"**因为……而且……所以……**"。

第四步，引导认同。

这里用到的是心理学中的催眠技术，要多说几句："你说对不对？"在问"对不对"的同时，自己的头要稍微点一下。别人不会听你怎么说，却会看你怎么做。你的头一点，就已经在暗示他要认同，所以大部分的人也会跟着你一起点头。这就是肢体暗示技巧。

如果你不去引导认同，客户心里可能还一直在纠结这个抗拒点，就好比一份协议只是看完了，却并没有签字盖印一样。

第五步，巧妙转移。

在引导认同之后，不要真的傻傻等待对方回答"对"还是"不对"，而应该立刻转移话题，把对方的抗拒点给岔开。一旦成功岔开，抗拒才算被真正解除了。

那么拿什么话题去岔开比较好呢？那就是客户成交以后你

可能要问的问题。

比如发票如何开，送货送到哪里，要多少货，对包装有没有要求，是送人还是自用等问题。

这里可以说的话是："哦，对了！……"后面是转移的话题内容。

一旦客户接茬了，那么不但他的抗拒没有了，你还能往成交的方向去引导。这也叫"假设成交法"，即假设你们已经决定成交了，要谈成交之后需要做的事。这也是一种心理暗示法。

接下来我们用两个完整的例子来表述太极推手反驳术的使用方法。

〰〰〰〰 举例：太贵了！ 〰〰〰〰

客户说："你的面膜太贵了！"

销售员说："是的，我们的面膜价格确实比其他同类产品要贵（**认同**），同时（**平行过渡**），因为我们的产品是韩国本土品牌，是大明星宋某某强力推荐的，它含有复活草提取物等具有深层保湿和修复成分，而且是独一无二的水晶凝胶，贴在脸上凉凉的，特别舒服！所以啊，这个牌子的面膜绝对是物超所值的（**讲理由**），您说对不对（**引导认同**）？"

"哦，对了！您这个面膜买来是自己用的吧（**巧妙转移**）？"销售员又说。

客户说："我在这个行业已经十几年了，之前怎么没听说过你们公司啊？"

销售员说："原来是前辈，我要多多向您学习（**夸赞**）！确实如此，我们在业内名气不是很大（**认同**）。同时呢（**平行过渡**），您也是行家了，应该也知道我们这行的一些内幕。大多数品牌都是用广告包装出来的，而我们公司其实已经成立快20年了，一直以来都是用户导向，努力把产品做到极致，把做广告的钱花在产品研发上。口碑好了我们一样能收获新的客户，你们客户也能实实在在地收获品质，价格还不是那么贵（**讲理由**），您说对不对（**引导认同**）？哦，对了！你们第一批货需要拿多少？我要查一下库存（**巧妙转移**）。"

等你把话全部讲完之后，如果客户依然纠结，那就必须回过头来再详细地说明理由。实在不行就只能适当地做出让步了，不然很难进入成交阶段。

成交

抗拒解除完了，也转移到成交以后的话题了，那么就该直接提出成交请求了。

前文我们提到过，无论通过地推，还是通过广告，客户进店是有成本的。这其中包括销售员的工资和奖金，还有其他没有进店的也都要计算其中，而做了广告的成本更大。

所以我们要珍惜每一位进店的顾客，抓住时机缔结成交，不能轻易把他们放走。

首先我们谈一下成交时机的重要性。

著名的推销训练大师汤姆·霍普金斯曾经说过一句话：**没有最好的成交技巧，却有最好的成交时机**。时机太早，客户可能感觉你太着急而想着开溜；时机太晚，客户本来热血沸腾的热乎劲儿过了，等他们冷静下来再想成交就很难了。

成交时机好比钓鱼时的收线。鱼竿抬得过早，鱼儿可能还没完全咬钩；抬得太晚，钩上的鱼饵可能已经全被吃完，鱼儿早就溜之大吉了，而再钓就不容易上钩了。

成交时机该如何把握呢？当下面的几条信息出现一到两条的时候，说明成交时机已经成熟，该果断收线了！

第一，客户主动询问成交以后才会问的问题。

前面我们讲过要主动引导客户谈成交以后要问的问题，但如果客户自己问出来了，就暴露出他内心对产品的认可度，所以当我们把客户想要了解的问题解释清楚以后，就能立刻进入成交环节了。

第二，反复追问细节。

如果客户反复问某一两个细节问题，比如问你怎么证明面膜里含有玻尿酸，产品是否有原产地证明等，问得这么细，说明他已经想成交了，只是还想再深入了解一下。

第三，重新讨价还价。

这里指的是第二次讨价还价。比如客户第一次问了价格，你适当地做了解释和让步，客户又继续问其他问题，而全部问完以后又回来再次问价格。这样的情况还是很普遍的，通常客户再次问价格就说明已经准备成交了。即使这次价格没办法再降低，客户往往也会成交，他们只是存在一个侥幸心理而已。

所以当客户问："还能不能再便宜一点了？"你应该果断回答："抱歉，不能便宜了，这已经是底价了。"如果你觉得回答过于生硬，那么可以继续讲："要不这样吧，我个人再额外赠送您一个小礼物，您满意的话还请帮我们多推广！"或者你也可以说："这样吧，我尽量给您发新货。"

第四，突然变得很客气。

如果客户突然转变态度，本来还比较傲慢和不屑，但经过你的讲述和表达，态度忽然转变得特别客气，那么有两个可能：第一是决定不买了，准备找个借口开溜；第二是决定买了，希望你发好一点的货，或者售后服务做得更贴心一点，正在"巴结"你。

无论客户内心做出了什么样的决定，我们都应该立刻进入缔结成交的环节。

那么到底该拿什么去缔结成交呢？那就是合同，或者出库单。如果你的成交流程中没有合同，也没有出库单，那么就直接用付款缔结即可。

用合同逼单

这里可以说的话是："请问两位对产品（课程）还有什么问题吗？如果没有的话，这份合同请两位看一下，毕竟你们也来两次了，免得再跑一趟。"

记得同时把合同递到客户面前。说话的时候应尽量避免说"签合同"，可以说"看一下"，也可以说"确认一下"，不要给客户带来压力。

注意，递完合同后最好不要说话。有很多销售员会拿着合同给客户解释合同条款，但这样客户就不会认真看了，而只会听你讲，你也关注不到他们最关心的内容。

所以最佳的方法就是让客户认真看，你只需要在对面默默地关注客户。如果客户提出问题，你也不要马上答复，可以让客户继续往下面看。

这时你可以说：**"好的，您的问题我已经记下来了，请先把合同看完，然后我一起给您解答。"**

如果你现在马上解答，很有可能会忽略后面更重要的问题，而且你的解答不一定能让客户满意，甚至还会延伸出新的问题。

等客户全部看完后，说不定你只要针对客户最关心的问题进行解释，客户满意后就能直接签单了。

用付款方式逼单

当客户透露出成交信息之后，你就可以直接把话题转移到付款方式上了，但必须设计好一个合理的理由。

比如你可以说："这样，时间也不早了，我们的财务人员马上就要下班了。您可以先把预付款付了，这样就不用您明天再跑一趟了。哦，对了！您用支付宝还是微信支付呢？"（同时拿出付款二维码）

并非每一次逼单都能成功，有的时候客户心里可能还有顾虑，或者还想再去其他地方比较比较。这个时候我们可千万不能把客户放走了。一旦放走了，想再约过来就难上加难了。

轮杀技巧

这里我们提供一个更有效的团队协作成单技巧，即"车轮战杀单法"，简称**"轮杀技巧"**。

先看一个大嘴老师亲身经历的案例吧。

— 案例：买房记 —

2008年，大嘴老师需要购置一套房产。经过一个多月的勘察和走访，最终筛选出两个目标，一个是长江绿岛，另一个是金科观天下。

当天下午，大嘴老师先去了金科观天下，接待他的是一位很年轻的销售顾问。大嘴老师确定了一套100平方米的三室两厅的房型，销售顾问给他的优惠价格是6000元/平方米，并拿出了购房合同给他看。大嘴老师说："这个价格太贵了，我还是去看看长江绿岛再说吧。"说罢起身走向大门。销售顾问一看大嘴老师要走，就跑过来拉住大嘴老师道："要不这样，我的权限不够，但我们销售经理正好在，我请他下来跟您再聊一下？"

大嘴老师一听销售经理在，就回到了谈判桌上。

不一会儿经理来了，他看上去要老成一些，跟大嘴老师谈了一会儿后抛出他的权限：5800元/平方米。大嘴老师说："看来你们还是诚意不够，我还是去长江绿岛看看吧。"说完起身再一次离开了，走到外面的停车场。大嘴老师正准备上车，那位销售顾问又跑出来道："先生，请留步！您的运气不错，负责我们区域的市场销售总监今天正好来开会，我请他跟您再谈一次！"大嘴老师一听，总监权限应该更大，所以他又回到了谈判桌上。

等了一会儿，总监来了，果然气宇轩昂。大嘴老师站起来跟他握手，总监很直接地说："先生，我听说您是一位知名的讲师，这样吧，我们就当做宣传，5800元/平方米已经是我们最低的价格了，不过我可以做主给您免掉一年的物业费，差不多有2000多元呢。您看这样行不？"

大嘴老师听罢心想，这个总监说的应该是实话，已经真的是最低价了，但大嘴老师还不能那么轻易就范，于是道："听说你们的停车费很贵，如果你能帮我免去一年的停车费，我就跟你签单，就不去看长江绿岛了。"说罢，大嘴老师从包里掏出两万元现金扔在桌子上，接着说道："这是订金，如果你能答应，今天我就签合同！"

总监看见钱放在桌子上，回头跟销售顾问商量了一下，最终同意了。

各位读者先别管大嘴老师的谈判技巧如何，我们主要看这家房产销售公司用的销售技巧，那就是轮杀技巧：

第一杀——销售顾问；

第二杀——销售经理；

第三杀——销售总监。

消费者一般都不太愿意跟底层销售人员谈判，因为我们都知道这些一线销售人员是没什么权限的。当他的上一级跟我们谈的时候，我们会认为他的权限会更高一些。如果再上一级，我们就更信了。所以上面案例里销售总监告诉大嘴老师5800元/平方米已经是最低价了，大嘴老师就相信了。

那么轮杀技巧到底该怎么去实施呢？

第一步，销售顾问捕捉成交时机，用合同或付款方式逼单（销售顾问第一杀）；

第二步，若客户拒绝成交并准备离开，或提出过分的要求，应立即请出上级销售经理协助逼单（销售经理第二杀）；

第三步，如果客户还是不同意，可以请出更高一级的销售总监继续逼单（销售总监第三杀）。

如果三轮杀还没成功，可以继续往上请出总经理，直到客户成交为止。

如果几连杀最后都全部失败，你至少也知道了客户的真实抗拒点。因为逼单还有一个目的就是"逼出真实抗拒点"。

通过这个轮杀技巧，我们也总结出一个道理：不能轻易让步，即使要让，也要请上级出面让。如果你自己做出让步，客户会觉得这里面肯定还有水分，要么继续讨价还价，要么一走了之。

06

HOW TO UPGRADE

养鱼

极致体验，带来持续变现

成交才是销售的开始。

养鱼的过程，就是建立信任的过程。

有了信任，成交便水到渠成。

成交后，客户还有没有价值？

这一次没有成交，还有没有必要继续为客户服务？

答案显而易见。

已经成交的客户，还可能重复购买，并且能转介绍更多的客户。一些超级大客户，甚至能成为你的推广者、加盟商，甚至投资人！

没有成交的客户，说不定下一次就成交了！

所以，无论已经成交的客户，还是没有成交的客户，只要接触上，就需要通过各种方法维护好，不断建立信任，增强黏性。我们把这个过程称为"养鱼"。把鱼养好，成交便水到渠成。

为何要"养鱼"

销售界流传着两句经典语录，一句是"成交才是销售的开始"，另一句是"拒绝不是结束，而是销售的开端"。

这两句话与我们的"养鱼"理论是同样的思维。我们想要提醒大家的是：对于已经钓到的"鱼儿"，要通过极致的体验让他们满意，从而产生更大的价值；对于还没有钓到的"鱼儿"，要通过逐步建立信任，力争转化为自己的客户。

为什么在这个时代"养鱼"显得格外重要呢？

随着流量红利的日益枯竭，增量市场很难开发，利用好存量市场则尤为关键，即所谓"存量"转"增量"。近来，很多商界名人也纷纷提出"从流量思维向超级用户思维过渡"的理念，谈的也是对顾客终身价值的回归。

企业的获客成本越来越高，活动推广越来越难，广告越来越难奏效。与此同时，粉丝经济兴起，互联网让传播发生变革，好和坏都极容易传播，一夜之间能捧红一个品牌，也能打倒一个巨人。

重视客户的终身价值

客户的终身价值指的是客户一辈子为品牌所贡献的所有价值回报的总和，由三部分组成：历史价值、未来价值和推广价值。

举例来说，有个朋友特别喜欢喝奶茶。他平均每天都要喝一杯10元钱左右的奶茶，按照50年的消费生涯计算，他个人可能贡献的终身价值超过18万元！

如果按照乔·吉拉德的"250定律"（即一个顾客一生中可以影响身边250个人的消费决定。虏获这一个顾客，就能带来250个顾客；得罪这一个顾客，也就意味着得罪了250个顾客）来计算，如果他影响了250个人一起成为奶茶爱好者，那么他的终身价值又将放大250倍，达到4500万元！

如果大家觉得这个数据看起来很不可思议，我们可以再看看身边是不是有这样的情景：不少白领每天上班都要买一杯咖啡，而且多半是在早上，或者中午在写字楼的同一家店里买。他们不仅自己消费，还经常带同事来，或请同事喝。不要说终身价值了，光是在这栋写字楼工作的几年中的消费就相当可观！

还有家门口的煎饼果子摊、菜市场的某个摊位、小区门口的烟酒行、家附近的澡堂子……这些地方的生意主要也是靠开发老客户的终身价值，只是老板通常不称"终身价值"，称"回头客"而已。

案例：一篮烂李子损失好几万

大嘴老师家的小区门口有两家水果店，我们就称为A店与B店吧。A店离大嘴老师家最近，B店要多走几分钟。为了图方便，大嘴老师习惯在A店买水果。直到有一天大嘴老师去买李子，老板娘给他挑了一大篮李子，对他说这个李子非常好，都是她亲自精挑细选的。大嘴老师看到篮子上面的李子又大又红的，也就没检查。结果到家以后把李子都倒出来洗时，才发现下面的李子又小又蔫，还有不少是烂的。大嘴老师很失望，后来就再也不去A店买了，而是选择多走几步路到B店买。后来发现B店货真价实，于是就成为B店的老顾客。

这件事发生到现在已经有5年的时间了。在这5年时间里，大嘴老师家平均每星期消费100元左右，那么5年下来大约是26000元！未来的10年内，大嘴老师可能都不会搬家，也就是说，未来大嘴老师还将贡献5万多的营业额。如果A店老板娘听到大嘴老师的这段话，不知道她心里会有何感想。

极致的体验感

我们采访过很多企业主和销售员，问他们："你觉得自己的产品怎么样？"

大多数回答是："还行吧，不比别人的差。"

我们继续问："那么，你的产品比别人的好在哪里呢？"

很多人的回答都是："这一行的产品都差不多，不就是……"

这揭示了目前大部分企业的问题：**产品同质化，服务一般，说不上哪里不好，也说不上哪里好。**

这就很要命了。你都不知道你的产品有什么特别好的地方，为什么顾客要选你？

产品没有核心竞争力，销售就只能拼低价，拼运气。从这个角度来讲，产品不好卖也是有道理的。

"说不上哪里不好，也说不上哪里好"注定让企业很难说服客户。长此以往，注定业绩难以做大，品牌难以做强。

想要破局，就得打造极致的体验感。不仅要好，还要极致的好，好到让人印象深刻，好到不选择你都对不起自己。做到这样，何愁产品卖不出去，何愁业绩提不上来？

体验感逐渐成为企业"厮杀"中越来越重要的武器。过去我们说"酒香不怕巷子深"，是因为那个时候卖酒的少，大街上都能闻见巷子深处的酒香。如今，巷子口三五家卖酒的不仅掩盖了巷子深处的酒香，而且服务热情，顾客还没进巷子就被服务得高高兴兴，满载而归了。

在教育培训行业，营销手段可谓层出不穷。每到暑假前和开学前，各种"0元班""低价班""三人团报，一人免费""推荐一人上门，学费减免××元"等营销手段数不胜数，也确实吸引了不少家长。

但是，引流只是开始，客户虽然花钱少，要求却并不低。**能否留住客户，才是对企业真正的挑战。**

事实上我们所了解到的很多教育培训机构，像这种免费课和低价课因为根本不挣钱，所以常常配备比较差的教师资源，甚至直接到外面请大学生兼职。而家长现在也是火眼金睛，如果老师的资质不够强，服务不到位，基本上完一期课就跑了，而且对外吐槽这个机构不好。

教育培训机构的这种引流活动不仅没有给自己带来客户，反而带来了坏的口碑。久而久之，家长们也基本都知道，这些免费或低价课程基本都是套路，不会随便拿孩子的时间做赌注。

如果这些教育培训机构的老板有"买客户思维"，能够充分重视这些来之不易的引流客户，提供极致的体验，就有非常大的机会接收新学员。将这些学员维护好，让他们多学几年，免费课和低价课的损失不仅早就弥补回来了，还能获得相当可观的利润。

极致的体验感分为两部分：一部分是产品本身的体验感，一部分是服务的体验感。当然，很多时候两者是一起呈现给用户的。

如何提升产品的体验感

什么是产品？对于企业家和销售员来讲，**自己售卖的任何商品都可以算作产品。**产品不仅是传统意义上看得见、摸得着的商品，还包含技术手段、解决方案、课程、知识付费产品等虚拟商品和服务。

因此，提升产品的体验感，绝不仅仅是产品的研发和生产环节的事儿，而是各个环节都有提升的空间。

对于产品而言，要想提升体验感，需要做到以下三点：

第一，打磨出好的产品。

好的产品会说话，产品永远是营销的基础。

既然做产品，就要做出有说服力的产品。比如，对于科技产品，技术研发必须深耕；对于教育培训产品，课程研发和教学模式必须打磨好；对于日用品，卓越的功能与好的外观就是要钻研的方向。

并且，企业和员工需要不断提升自身的专业度。很多能力并不是天生就有的，而是在不断的学习和探索中积累与创新的。员工只有通过不断的学习与改进，才能充实自己，时刻感受行业变化与客户需求的转变，将最新的技术、理念、设计等灌输到自己的产品中，才不会被市场所淘汰。

第二，听取用户反馈。

产品到底好不好，自己说了不算，客户说了才算！

要多听取用户的意见，学会"找痛点"，而不是"闭门造车"，否则容易陷入自以为是的局面。不少企业主经常抱怨"客户不识货"，其实不是客户不识货，而是你没有关注到客户的痛点。

找痛点有三个方式：

第一，从粉丝中找痛点。这里推荐的方式是请老客户填写调查问卷，具体可以包括两大类问题。第一类：选择我们是因为什么？第二类：还希望我们如何改进？

第二，换位思考。这里的建议是扮演客户去竞争对手那里暗访，即从客户的角度去体会别人家产品的优势与不足。好的地方重点学习，不足之处思考如何避免。

第三，从抛弃你的客户中找痛点。中途离开的和不再合作的客户是我们调研的重点。就好比企业做离职访谈，要等员工离职手续全部办完了，与企业没有任何财务纠葛了，再去问他为什么离开。员工通常这时才会说出离职的真正原因，企业才会找到要改进的地方。客户同样如此，抛弃你的客户肯定有抛弃你的理由。你可以对离开的客户进行电话调研，了解他们不与你合作的理由，从而反推出客户痛点。

总之，我们要多听取用户的反馈。

第三，不断升级迭代。

如今，产品的竞争者很多，为了跑赢市场，产品的升级迭代速度都非常快。当客户对你的产品不满意时，或者你的产品已经相对落后时，就必须做好相应的改善工作。要根据市场反馈来改进；一次改进不行就两次，两次不行就三次。企业唯有少找借口，不断精进，才能把自己"逼"向极致。

〜〜〜〜〜〜 **案例：英语课程产品改革** 〜〜〜〜〜〜

我们曾辅导过一家教育培训机构。该机构的主营业务是中小学的数学和英语课程培训辅导。针对英语课程，我们对市场上其他培训机构的英语课程进行了调查。为了帮助该机构打造具有极致体验感的英语课程产品，我们非常用心地做了一次产品改革。

打磨出好的产品

该机构的英语课程主打《新概念英语》教学。该机构负责人有十多年的《新概念英语》教学经验，口碑非常好。为了将产品打磨好，该机构负责人亲自担任项目负责人，带着年轻老师们一起做教研。

听取用户反馈

在英语课程的教研过程中，我们征询了很多家长与学员的意见，收获很大，帮助我们做出了很多改进。

举个例子，很多机构的老师都要求学员背诵《新概念英语》的课文，但是全文背诵本来就不容易，再加上《新概念英语》的文章比较难，学员们平时课业压力较大，背诵课文给学生们带来了很大的压力和心理负担。有些严格的老师要求学员不会背不准回家，搞得学员很紧张，家长也很烦。当我们充分地了解到这个痛点后，经过慎重研究，最后决定将每册书整理出一本《必备口语句》，也就是将文章拆分出重要的句子，再适当扩充，每课整理出10个句子，要求学员必须背熟。背句子可比背文章简单多了，而且还更实用。这项决定果然获得了学员和家长的一致好评。

不断升级迭代

考虑到孩子们的考试与升学压力，我们还将《新概念英语》与学校教材和考试充分结合。学员们在学《新概念英语》的同时，也保障了学校的考试成绩。为此，我们开发了"每课语法""单元过关卷""期中期末易错题""重点专项训练"等课程，并将每套教学资料装订成册，使用起来很方便。

并且，随着考纲的变化、历年真题的更新，该机构每学期都不惜人力、财力将教案升级迭代一次。相比很多机构一个教案用上很多年，该机构的产品在周边同行中的竞争力非常强。

通过提升产品的体验感，该机构的口碑越来越好。老学员基本没有流失的，还纷纷介绍新学员来。经过短短的两个学期，该机构学员人数就从120人增长到了260人。

如何提升服务的体验感

光有好的产品还不够，客户对服务的要求也越来越高。很多企业的产品具有一定的标准性，与同行的差异化不大，那么服务的体验感就显得尤为重要了。

对于很多销售员而言，自己无法改变产品，他们能做的就是通过服务的差异化打动客户，让客户愿意在他们这里买单。

要提供极致的服务体验感，需要做到以下四点：

第一，用户思维。

不知道你有没有遇到过这样的情形：有一天，你走进一家刚开业的理发店。门口贴着开业优惠政策，看起来价格很厚道，发型师也很专业。发型师刚开始服务很热情，熟练地给你洗头、剪发。剪到一半便开始推销各种套餐、会员卡，你不办他就不高兴。本来你只想简单地剪个头发，最后却被忽悠消费了几百元，好心情也没有了。

站在用户的角度，一个人只要经历过一次类似的不愉快经历，以后便再也不会来这家理发店了。

"少一点套路，多一点真诚"。说实话，现在的客户心里都挺明白的，所以套路越多，企业越难生存下去。只有真心实意地为客户考虑，企业才能走远。很多时候客户做决定都是看心情的。如果客户感觉被套路了，不高兴了，即使麻烦点去别家店，也不会选择在你这里消费。

第二，超越客户的期望值。

凡是客户能想到的，都不是极致。只有超出客户预期，能够感动客户的，才是极致！

超越客户的期望值，客户才有可能成为真正的粉丝。客户花了钱，会认为很多东西是应得的，只有超出预期的部分，才会被客户所记住。

第三，让客户看到。

用心为客户提供超值的服务，为客户额外地付出了很多，一定要让客户知道！

有的人默默地为客户付出，而客户全然不知，甚至把额外的用心付出不当回事，就没有发挥出极致服务的价值。

有一次，我们去一家网红火锅店团建，服务员为我们剥虾。我们发现，服务员不把虾在厨房里剥好再端出来，而是在桌子旁边剥。剥好后还帮我们下到锅里，煮熟后再分发给大家。

服务员把这项超值的服务提供在餐桌旁，是为了便于让我们看到。服务员还通过给大家分虾的动作再次告诉大家：这个虾，是我剥的。

所以，对别人好，要让对方看到。否则，只感动了自己，价值却没被他人认可。

第四，递增原则。

很多销售员都有一个坏习惯，那就是在成交之前把客户哄成上帝，一旦成交了，态度就发生了转变，甚至连人都消失了。这样的客户体验是非常糟糕的。

我们在培训销售员时，都会告诉他们：在成交之前不能过于拉高客户的期望值，也不能对客户太客气，且不能承诺太多。一旦跟客户成交了，反而要比成交之前更加热情，要用心教客户产品的使用方法，关心他们的反馈，认真听取他们对产品的意见，甚至还要亲自上门做售后回访等。这样一来，客户就能感受到这个销售员的服务态度与其他销售员不同，容易成为该销售员的忠实粉丝。

这就是递增原则，即让客户感觉越来越好，那么客户就有理由相信未来会更好。如果刚开始服务好，后面变差了，客户会觉得以后可能会更差。

还是以前文中提到的那家教育培训机构为例。我们发现，大多数培训机构的服务都差不多，要想彻底征服家长与学员，服务需要做到极致。于是我们统一思想，努力做"教育培训界的海底捞"。该机构决定把广告费省下来，全部投入到服务中来。

教育培训是个慢产业，要想做好服务，就必须重运营，以服务促口碑，以口碑带招生，走出一条独特的口碑发展之路。

用户思维

青少年教育培训是客户和用户分离的一个行业。买单的是家长，所以家长是客户；上课的是学生，所以学生是用户。只有家长满意，才是真正的服务到位。

我们采用"用户思维"去思考，就能发现家长的痛点非常明确——升学，也就是考试分数的提高，这是家长最想要的结果。不能提分的机构，无论环境多好，老师多么和蔼，营销怎么花哨，都是徒劳。

因此，服务的核心就是帮助孩子提分。即使不能提分，也要把该做的做到了，这样家长也就没有遗憾了，并且认为到别的机构，孩子的成绩会更不好。

超越客户的期望值

在环境、价格、师资等条件中，家长最看重的是师资。家长们都明白，机构名气再大，也不如遇到一个好老师。

于是，我们在常规的机构服务之外，把重点放在老师的服务上，让家长信赖老师，学员喜欢老师。为了让老师能够照顾到每个学生，我们坚持小班教学，每个班不超过12人。

平时老师与家长通过微信、QQ、视频等形式保持随时沟通。如果孩子学习出现大的问题，各个科目的老师会和家长一起开会，分析孩子并制定解决方案。

每天晚上，学生可以到机构来上晚自习。老师不仅会帮助孩子解决家庭作业的问题，还会给孩子布置有针对性的练习，让孩子得到额外提升。没有办法过来的学生，可以随时通过网络请教老师，得到免费的答疑与辅导。

老师们的认真负责深深地打动了家长，也打动了孩子们。有一个姓詹的女老师，孩子们每次来上课都要抢着抱抱这位老师。孩子们一边抢着抱，一边嚷着"这是我的詹老师"，特别温馨。

让客户看到

服务做得好也会有一个问题：部分家长有一种贪小便宜的心态，因为老师服务得太好了，反而不把老师的付出当回事，让老师很委屈。

于是我们做了一件事就解决了这个问题。我们把老师辛苦付出的情景记录下来，并通过新媒体的方式传播给家长。具体来说，我们把很多老师的备课过程拍成Vlog（Vlog的全称是Video Weblog，意思是视频博客，即以视频的形式记录日常生活），也会偶尔将老师忙碌后的疲惫状态、拖着病体备课的感人画面等呈现给家长看。客户看到了，才会明白自己享受到的服务是老师们用心付出而来的，才会更加珍惜与感动。

递增原则

家长报名时，我们并没有承诺过多。一旦开始来机构上课了，家长才发现还有很多更好的服务，感觉越来越好。

比如，每到期中考试前，各个年级、各个科目的老师会分别组织免费的"期中加油站"。而期末考试前则会组织"期末加油站"，为考试做专项复习和易错题讲解。个别学生还会得到单独辅导。

即使学费涨价了，老学员还一直保持着最初报名时的价格。我们有个学生，从二年级开始就来学习了，那时的一节课价格是50元，而这个学生如今已经初三了，一节课的费用还是50元。表面看起来机构很亏本，但是这个学生在机构学习的8年中，为机构前前后后介绍了36位新学员。

有时候，慢就是快。将产品打磨好，将服务做好，看起来很慢，却可能是最快的道路。

微商的产品大多不是自己生产的，所以服务是微商最大的核心竞争力。即使是同样的产品，有的人月销售额轻松破百万元，有的人开单都很难，差距就在服务能力上。

微商该如何提供极致的服务体验呢？

第一，以用户思维去沟通。

对微商而言，微信不是营销工具，而是获取和维护人际关系的沟通工具。

永远要想在用户前面，帮用户想好。

当客户与你有业务往来之后，你要随时关注客户在使用产品过程中的反馈与感受。比如告诉客户发货时间和预计收货时间，以及快递单号等，并告知对方拆货的注意事项、使用产品的方法等。

在使用一段时间后，也要跟踪客户的体验和反馈，主动询问有没有什么改变和收获。这样一方面可以搜集一些良好的反馈信息，可以截图给新客户看；另一方面可以及时发现和处理问题，而不是等客户来投诉和抱怨了再去解决。若等到客户投诉，他们的反感就已经产生，此时再想纠正和弥补就会困难很多。

第二，对有投诉或有意见的客户高度重视。

当客户有投诉或有意见时，首先要积极应对，及时处理，不能拖延搪塞甚至不理客户，这样的结果是非常可怕的。客户的身边都是你的潜在客户，他的差评会在周边不断放大，正所谓"好事不出门，坏事传千里"。

在处理这些意见或投诉时，也要有付出的心态。一方面要快速解决，另一方面要做出补偿等措施，不然前面做的一切努力可能会毁于一旦。

第三，转介绍过来的客户要重点服务。

老客户主动介绍新客户，说明他已经成为你的忠实客户了，你要更好地服务推荐过来的客户，还要给老客户以回报和感谢。新客户的进展也要随时向老客户汇报，并及时满足新客户的要求，这样老客户才愿意为你介绍更多的客户。

总而言之，我们要重视售后服务，用极致的服务来提升用户的体验感，让他们成为忠实粉丝，以创造更多的终身商业价值。

被低估的粉丝价值

企业一旦做到为客户提供极致的体验感，就很容易把客户变成自己的粉丝。但粉丝的真正价值，很多企业并没有意识到。

我们经常碰到一些企业主，他们说自己在这个行业摸爬滚打十几二十年，比谁都有经验，但觉得现在赚钱很难。

我们就问他们赚的是什么钱，他们说："赚客户的钱，赚卖产品的钱啊。"

其实如果只赚卖产品的钱，那是远远不够的，因为粉丝客户具有五大价值，某些价值如果没有被开发出来就是极大的浪费。

粉丝的五大价值分别为：重复消费、转介绍、客户见证、加盟、入股。

第一层价值：重复消费

重复消费很好理解，即客户在你这里消费后，觉得很满意，以后每次有这个需求都会再找你。客户不仅消费一次，可能消费两次、三次，甚至终生消费。但客户消费的频率毕竟是有限的，而客户价值还有很大的被挖掘的空间。

重复消费可以分为三类：第一类是主动重复消费，就是客户消费了第一次后还会主动消费多次；第二类是被动重复消费，也叫"追销"，就是客户第一次消费结束以后，销售人员用其他活动引导他产生新的消费；第三类是连带销售，就是客户购买了A款产品，销售人员根据客户的需求推荐其继续购买B款产品。

连带销售是真正能把业绩做大和利润做高的高级技巧，比如卖衣服，客户购买了衬衣，可以再推荐他们购买裤子、领带、外套等。

连带销售最关键的不是推荐什么，而是客户第一次消费必须成功，哪怕只购买价格最低廉的产品。如果太早推荐，让客户发现一次消费加起来要那么高的费用，往往会把客户吓到，他们连第一次消费都放弃了。

当然，如果客户看中的产品本身价值比较高，那就可以站在客户的角度为他推荐配件。比如客户要买一部手机，可以推荐他再购买手机壳、蓝牙耳机、延保服务等周边产品。

第二层价值：转介绍

如今，企业的拓客成本很高，那么最好通过粉丝的口碑达到宣传的目的。

新客户都在老客户身边，所以如果老客户愿意为你做推广，影响他们身边的人，那么转介绍的价值将会非常强大。不过，要想让老客户转介绍，我们自己也需要做一些工作的。

你或许经常碰到这种情况：有的老客户很热情，很愿意为我们宣传，但是他不知道怎么描述你的产品。那么企业就应该提前做好有助于传播的工作，比如撰写企业介绍、产品介绍等。

我们辅导企业时，都会教他们在新媒体上写一些好文章，拍一些不错的视频，甚至建立公众号。当老客户向其他人转介绍的时候，才有东西说，有资料看。企业做好配合，将会大大地增加粉丝转介绍的成功率。

转介绍小技巧：朋友圈推荐

以前我们说新客户都在老客户身边，现在可以说新客户都在老客户的朋友圈。所以，老客户的朋友圈绝对是我们捞鱼的大鱼塘，应该很好地利用起来。

这里推荐的步骤如下：

第一步，挑选优质老客户。

首先要考虑老客户的品质，一方面是他的消费能力，另一方面是他的人脉情况。

第二步，告知推荐的好处。

推荐的好处必须具备"利他性"，即解决客户想解决的痛点。

如果对方比较喜欢利益，那就直接告诉他推荐后的收益。

一种是按人头结算。比如推荐后只要有一个人加微信，就奖励30元。无论最后是否成为真正的成交客户，加一个算一个。

另一种是按成交结算。推荐过来的客户只要成交了的，都按比例分成。比如成交后按合同价的10%结算提成。

以上两种方法可以结合使用，即按人头结算，成交后又有收益，这样才更能激发出老客户的推荐兴趣。即使他们不在朋友圈推荐，只要身边有人有类似的需求，他们就会直接推荐，因为有提成拿。

第三步，制作推荐图文。

让老客户发朋友圈推荐的图文需要我们自己制作，并以老客户的口吻去设计。

第四步，立刻兑现承诺。

能否有源源不断的新客户过来，就看你是不是一个说到做到的人了。做生意关键就是讲信用，说好的返利只能多，不能少。你不能因为人家推荐过来的不是精准客户而反悔，不给人头费。另外承诺成交后给返利的，即使新客户的钱还没到账，你也得先自掏腰包支付给推荐人，这样人家才有动力继续帮你推荐。

第三层价值：客户见证

有的客户对我们的产品或服务很满意，跟我们的感情也不错，愿意为我们推荐，我们就可以留下一些客户见证。这些客户见证在营销当中是最有力的说服武器，因为自夸一千遍，不如客户说一句"你真好"。

我们一定要学会收集客户见证，也就是客户说我们好的证据。

一种客户见证是聊天记录。单纯的文字无法判定真伪，没有说服力，而与客户聊天记录的截图则是很有说服力的。另一种客户见证是视频。客户可以真人出镜为我们推荐，这样既显得真实，又有感染力。

客户见证可以在营销过程中使用，比如一对一的产品介绍，或一对多的会议营销，甚至可以请客户上台现身说法，更有说服力。

另外，客户见证也可以在解除客户抗拒的时候使用。

第四层价值：加盟

前面三种客户价值中，客户都是消费者的角色。如果想让客户产生更大的价值，就不能让他们仅仅是消费者的身份了，而要成为我们事业上的合作伙伴。

举例：让客户加盟

举个例子，假如你是卖拉面的。一碗拉面10元钱，你的粉丝客户就算一年365天都来你家吃一碗，也不过消费3650元。若某位粉丝太认同你和你的产品了，而他又正好很有钱，也想自己开一家这样的拉面馆，那么这时候就可以让他加盟。你可以把手艺、装修方案、设备等都提供给他，还负责帮他培训厨师。这样下来，你收他十几万元的加盟费一点都不过分，而这十几万元相当于你卖他将近50年的拉面钱。所以说，加盟的价值太大了。

第五层价值：入股

比加盟更高一层的客户价值便是入股。

假如你的粉丝特别看好这份事业，而他又很有钱，就可以考虑让他直接入股你的公司。那么这个粉丝的价值就更大了，他从普通的消费者变成了公司的股东。

所以，粉丝的价值被很多人都低估了。本来这个客户可能只是被10元钱的"鱼饵"吸引来的，但由于极致的体验，成为你的粉丝，并不断升级，最后成为公司的股东，不仅解决了资金问题，还解决了客源问题，这就是"裂变"。

资本雄厚的大企业可以投入很多金钱来推出一个新产品，但小微企业根本没有那么多钱，该怎么做裂变呢？这就需要把自己的产品做好，把服务做极致，然后激励这些粉丝一层一层地升级消费，发挥出更大的粉丝价值。

案例：皮肤管理门店的粉丝裂变

就拿我们辅导过的一个皮肤管理门店来说吧。首先我们设计了15元的会员体验卡作为"鱼饵"，吸引了不少客户前来体验，再搭配使用好的成交技巧，将45%的客户成功转化为会员，各办理了一张1000元的半年卡。客户把这1000元的额度消费完以后，如果比较满意就会重复消费（这里我们还有个小技巧：当客户余额还剩200元的时候，我们就告诉客户这200元可以抵扣续费，即200元相当于400元），继续办理2000元的年卡。这是第一层重复消费的价值。

然后我们用转介绍的活动方案促使客户介绍了自己的3个朋友前来办卡，那么每个老客户通过转介绍就多贡献了3000元的价值。这3000元就是第二层转介绍产生的价值。

此时，这些老客户已经成为这个皮肤管理门店的铁杆粉丝，其中很多客户都愿意给门店拍客户见证。平均每个客户见证进一步帮门店成交了5个新客户，又多赚了5000元。这是第三层客户见证产生的价值。

某个客户亲身体验后非常喜欢这个品牌的产品和技术手法，自己也要开一家这样的店，我们便邀请她加盟为新店的老板。整套技术和设备，以及品牌使用费和加盟费总共30万元，这是第四层加盟产生的价值。

如果某个加盟的客户生意经营得很好，开了一家店以后还想开第二家、第三家，我们便会邀请这个客户直接入股总公司，和我们一起来做这份事业，比如入股300万，占股20%。这时粉丝价值又将完成一次升级，这是第五层入股产生的价值。

大家看，从最开始15元的鱼饵，到最后入股300万，收益是原先的20万倍！达到了裂变的效果。

如何把客户"养熟"

以上讲的都是对已经成交的客户提供极致的体验，也就是"养鱼"的过程，以让客户的价值最大化。

还有一种情况也需要"养鱼"，那就是当我们通过各种方式引流客户后，不要一开始就着急促成交易，而要"养鱼"。因为如果信任感没有建立起来，又没有进行很好的经营，客户可能会白白流失，非常可惜。

很多销售人员通过各种活动或者地推加到潜在客户的微信后，就急不可待地去跟对方推销，这样很容易引起对方的反感，甚至被对方屏蔽或删除。

营销是一个逐渐建立信任感的过程。信任感建立了，一切都会水到渠成，所以我们一定要有"养鱼"的思维，即把客户"养熟"。

那怎么把潜在客户"养熟"呢？普通的做法是让客户在微信群里或朋友圈等地方不断地看到你的产品宣传，并慢慢建立信任。更好的做法是通过利他的行为，即在帮助他人的同时，逐渐树立自己的专业形象，拉近和潜在客户的距离，那么成交便是自然而然的事情了。

案例：高尔夫线上公益启蒙班社群运营

我们辅导的那家青少年高尔夫培训机构，由于高尔夫在很多人眼里是一项特别高端和昂贵的运动，不敢轻易尝试，所以很多客户加了该机构销售人员的微信之后并没有采取下一步的行动。

根据客户的普遍心态，我们为该机构策划了一个"万人计划"——帮助一万人入门高尔夫。

具体做法就是通过微信群建立高尔夫启蒙班社群，结合线上授课和线下实践的方式，帮助高尔夫新手了解高尔夫，对这项运动产生兴趣。

我们首先设计了一个为期5天的线上视频和语音微课，其中包含了关于高尔夫的各类基础知识和基本动作介绍等内容。然后结合了一次线下体验的免费课，自然而然地把还在犹豫的潜在客户引流到了门店。

这个社群让更多的爱好者了解了高尔夫的各项知识，也通过线上课程学会了简单的站姿、握杆、挥杆的要领。我们本着利他的精神，来帮助大家了解高尔夫。

从线上公益启蒙班开班第一天开始，每天都有社群学员到线下门店体验。5天课程过去了，共有30多位社群学员前来体验，结业之前就转化了十多位社群学员成为正式会员。

有一些社群学员其实是通过地推拉进来的，他们过去和这家机构没有任何来往，和机构中的员工也都不认识，但是通过这5天的线上公益启蒙班社群学到了很多高尔夫知识。以精彩的课程、信任与感恩为基础，启蒙班社群学员前来线下体验与消费都非常顺利。

"养鱼"的过程是一个建立信任感的过程。无论公益课还是线上的非产品互动，都是在培养客户对我们的信任。只要有了彼此间的相互信任，成交就变得比较容易。

经过多次"养鱼"依然没有成交的客户怎么办呢？可以与异业进行资源交换，以换回更多的潜在客户。

当我们回顾整个鱼塘式营销就会发现，整个营销结构环环相扣，又互为增补。

首先是精准定位鱼儿，然后找到这些鱼儿所在的"鱼塘"，通过打入鱼塘、与塘主合作，或自建鱼塘的方式，与这些鱼儿亲密接触。再通过鱼饵进行引流，接着将引流来的客户缔结成交。成交后继续养鱼，通过极致的体验感让客户变为粉丝，并挖掘粉丝的更多价值。对于还没有成交的客户，则继续养鱼，逐渐建立信任感，直至产生转化。最后没有养熟的鱼还能再次利用，可以与异业进行资源交换，达到资源的最大化利用。

　　不讲华为，不讲小米，不讲海底捞，我们只讲自己经历的精彩案例。本书没有谈那些"领头羊"的营销案例，不是他们的营销方式不对，而是这些行业巨头的成功秘诀不一定适合我们大部分的小微企业。

　　大企业的成功固然有其成功的原因，但大多数的成功是需要条件的，且不能反推。不能说某个企业成功了，该企业的营销模式就好，不信你模仿试试？

　　小微企业一无粮草万石，二无战将千员，没办法用大兵团作战的策略去做营销，而只能用最实用、最高效、最落地的方法去做营销。从广告的曝光率之战转变为抢占用户心智之战，本书讲的案例都是身边真实发生的，告诉你如何用最小的成本获取最有效、最精准的流量。

这是一个最坏的时代，也是一个最好的时代。我们身处移动互联网时代，对不想学习、不想改变的人来说，这是一个最坏的时代，而对善于学习、勇于改变的人来说，这是一个最好的时代。

有一个朋友打乒乓球很厉害。有一次，看见他和他11岁的儿子比赛，结果父亲惨败给儿子。后来一问才知道，他的儿子拜了一位前国手为师，学了整整4年的乒乓球。这件事给我们的启发很大，很多人经营企业和做营销都是"摸着石头过河"，却不知，做任何事情都有方法，何况是营销这么复杂的行为。如今的环境瞬息万变，爱学习的人掌握了方法就可以抓住机会，拒绝学习的人则注定要被这个时代所淘汰。正如马云所说，未来已来，你准备好迎接改变了吗？

如果你想提升业绩，想可持续发展，就请抓住移动互联网时代的机遇，好好学习《鱼塘式营销》中的各个策略，一起感受"小成本撬动大流量"的威力吧！